婚恋
清醒指南

杨珈珈 _著

图书在版编目（CIP）数据

婚恋清醒指南 / 杨珈珈著． —— 北京：国际文化出版公司，2023.6
ISBN 978-7-5125-1524-6

Ⅰ．①婚⋯ Ⅱ．①杨⋯ Ⅲ．①婚姻－通俗读物②恋爱－通俗读物 Ⅳ．① C913.1-49

中国国家版本馆 CIP 数据核字 (2023) 第 058697 号

婚恋清醒指南

作　者	杨珈珈
责任编辑	侯娟雅
选题策划	魏　玲　潘　良
出版发行	国际文化出版公司
经　销	国文润华文化传媒（北京）有限责任公司
印　刷	三河市中晟雅豪印务有限公司
开　本	880 毫米 ×1230 毫米　　32 开 7.25 印张　　　　　　149 千字
版　次	2023 年 6 月第 1 版 2023 年 6 月第 1 次印刷
书　号	ISBN 978-7-5125-1524-6
定　价	52.00 元

国际文化出版公司
北京朝阳区东土城路乙 9 号　邮编：100013
总编室：（010）64270995　　传真：（010）64270995
销售热线：（010）64271187
传真：（010）64271187-800
E-mail: icpc@95777.sina.net

目录

Part 1
如何找到合适的另一半

婚姻需要"门当户对" 002

爱情这么美好,不劳而获的机会并不多 005

不将就不过是自恋过头 010

少提点择偶标准,多想想自己何德何能 014

从男性的择偶需求看恋爱 016

如何做感情中的主导者 020

相亲:把暧昧的时间用来了解对方 023

适合:只会让你越来越喜欢 026

催婚:不矫情的人生更顺当 029

人品:找对象最重要的条件 032

彩礼:精致的利己主义者人穷心也贫 035

Part 2
如何躲开婚恋中的那些坑

遇渣男：为什么你总是遇人不淑 040

对我好：他为什么对你好 045

婚前同居：可以但非必须 048

异地恋：面对面沟通最真实 050

选一个比自己年长的男人就一定靠谱吗 052

先立业再成家：那些裹着糖衣的谎话 055

"作女"不讨喜，伤人又伤己 058

"颜控"：长相不可控，人品更靠谱 060

前任：人要往前看，前任靠边站 063

送礼物：不能与爱画等号 067

闹分手：不要用爱情去挑战人性 072

远嫁：请听妈妈的话 077

Part 3
如何经营好自己的婚姻

毁掉爱情的,不是婚姻 082

婚姻是委曲求全,也是互惠互利 086

刚结婚的丈夫拿我当外人怎么办 089

算计太多,怎么算怎么吃亏 092

如何掌握家庭"财政大权" 095

婚姻里,物质与爱情哪一个更重要 098

遇到"妈宝男"怎么办 102

婆媳关系的"三座大山" 105

和公婆一起住?没必要 110

结婚后如何和另一半顺畅地沟通 112

夫妻吵架了该怎么办 116

朋友和配偶哪个更靠谱 119

婚姻中"女强男弱"怎么办 126

少想想爱情,多想想人情 130

婚姻是"生意"，另一半是"合作伙伴" **133**

当随遇而安遇上逻辑计划 **135**

过日子，少些掰扯，少些计较 **138**

婚姻就是在辗转腾挪中找到平衡 **141**

Part 4
当妈后的"步步惊心"

当妈之后，一点小事都会让人崩溃 **146**

当妈就不能有"少女感"了吗 **152**

保护孩子：害人之心不可有，防人之心不可无 **155**

我不为难孩子，也请孩子别为难我 **157**

当"虎妈"：学历只是敲门砖 **162**

当孩子没办法长成你想象的样子 **166**

Part 5
成长的目标也许是成为普通人

你在忍耐别人，别人也在忍耐你 174

原生家庭：要不要听父母的话 180

保持独立不等于不结婚 187

不结婚真的潇洒又自由吗 190

容貌焦虑怎么办 197

如何与素颜和解 200

"穷大手"的人怎么办 207

不要迷信努力就能成功 211

人生要少年得志还是大器晚成 216

后记 一路走来，始终感恩 219

Part 1

如何找到合适的另一半

婚姻需要"门当户对"

婚姻需要"门当户对"这一观点已被越来越多的人认可。在新的时代背景下,"门当户对"除了指夫妻双方的社会地位、经济水平相当,往往还被赋予了新的内涵,比如双方有着相似的生活习惯、兴趣爱好、消费水平、成长环境,等等。那"门当户对"的前提是什么呢?我认为是有自知之明。只有先正确地评估自己,才有可能找到那个"最佳伴侣"。

有个小姑娘曾和我分享她的故事。她本人在体制内工作,通过相亲结识了一个男孩。这个男孩的工作不如她,即使他有独立住房,对她也非常好,但她还是觉得不满意。小姑娘说:"我就是过不了心里的那道坎儿。"过不了的那道坎儿是什么呢?是她"自以为是"的优越感。

我给"自以为是"加上了引号,因为我并没有任何攻击或贬低的意思。我劝这个小姑娘清醒一点,告诉她,要想获得一段良好的关系,我们就不能用自己的强项和对方的弱项比,更不能因为自己拥有某个强项,就要求对方处处比自己优秀,觉得那样才能"配得上"自己,而是要综合考虑双方的种种条件,适当做出取舍。

许多人大概是被"你值得拥有"之类的广告语洗脑了,总觉得自己值得更好的、最好的,不断地自我刺激,大脑总处在亢奋状态,大步流星地向幻想中的目标前进,以至于忽略了沿路的风景,走着走着可能就错过了那个适合自己的人。

根据我多年的经验,我认为,"门当户对"对于婚姻的存续十分重要,它体现在婚姻生活的方方面面。

我认识一位姑娘,自小家境优渥,父母宠爱,是真正的"十指不沾阳春水"。她就这样一路顺风顺水地长大,上了大学后爱上了班里的"才子"。才子佳人本能成就一段如小说般的佳话,但现实的风吹雨打却一样也不少。"才子"家境贫寒但品学兼优,但生活往往陷入捉襟见肘的困境,性格自卑又自负。两个小说主角一样的人结合在一起,却并没有获得小说里那样幸福的结局。婚前的他们不顾众人反对,只觉得"有情饮水饱";

婚后他们被柴米油盐的琐碎弄得焦头烂额,情意慢慢被消磨。妻子保持着一贯的消费水平,买包买衣,在丈夫眼里,这是在铺张浪费;丈夫延续优良作风,勤俭节约,却被妻子嫌弃抠抠搜搜。其实,他们谁都没错,只是因为成长环境有别、消费观念不同而已。

爱是奢侈品,五斗米是必需品。"门当户对"对一个家庭的影响有多大,只有步入婚姻的人才知道。

爱情这么美好,不劳而获的机会并不多

每次网上爆出娱乐明星离婚的新闻,网民总是唏嘘一片,说什么"再也不相信爱情了"。

其实,别人(尤其是娱乐圈的明星)的婚姻并不会对你的婚姻产生多大影响。如果你知道自己要什么,则完全不必太把别人的婚姻放在心上;如果你连自己要什么都不清楚,就更不该操心别人的闲事。

爱情也从来不只存在于那些明星中。明星也是普通人,只是出于职业原因,他们的一举一动都会被放大,结婚与离婚就会受到大众关注。你只看到荧幕上的他们恩恩爱爱,却看不到他们荧幕后的他们吵得面红耳赤。谁都不希望家丑外扬。某些

综艺节目故意播放明星夫妻的吵架片段，但这是剧组为博眼球故意为之，要知道，哪怕是寻常夫妻也不愿意当着外人的面儿争吵。对此，作为普通人的我们必须有最基本的判断力。

大家不要盲目地羡慕他人，只要够聪明，你也可以把婚姻经营得很好，千万不要拿明星的婚姻当范本。

明星的本职工作就是把美好的一面展现给大众，比如，很多恋爱类综艺节目的宗旨就是给观众"喂糖"，男女双方齐心协力给观众展现"甜甜的爱情"，观众则贡献流量和收视率，互惠互利。作为观众，我们一定要分清节目展现给我们的爱情和现实中的爱情。

艺术来源于生活，但也高于生活。

世界上大部分人在大部分时候都在戴着面具生活，别人展现给你的，永远是他想让你看到的。人生不如意事十之八九，能与人言者无二三，谁过日子都不容易，只是大家都不向他人倾诉而已，因为没有人会感同身受，和别人诉苦，到头来自己只会成为别人茶余饭后的谈资。人们往往各扫门前雪，不理他人瓦上霜，久而久之，说实话的人越来越少了，我们以为眼见皆为实，然而其实并非如此。

如何判断一个人是否幸福？我们不应该听他说了什么，而是要观察他平时的状态。我们没必要羡慕那些幸福的人，而是应该学习他们是如何为人处世的。经营好自己比什么都重要。

除了明星的爱情，多数言情小说里的爱情也不可信。

很多姑娘期盼自己也能和某些言情小说中的女主角一样，拥有完美无缺的另一半：他有钱、有"颜"、有教养、有学识，非你不娶；他带你吃香喝辣、开阔眼界；当你遇到麻烦时，他就像超人一样从天而降，解救你于危难中……

可就算是女娲，也捏不出这样完美的配偶。

言情小说是承载现实中无法实现的情感的载体，是精神殿堂，可以帮助读者抒发求而不得的情感，给读者解压。它本来是很美好的一种文学体裁，现在却常常被人们当作评判现实的标准。所以不是现实出了问题，而是我们的评判标准出了问题。

我之前对比过电视剧《锦心似玉》和《赘婿》，前者的原著出自女性作者之手，后者的原著则是由男性作者撰写。通过对比就会发现，女性作家和男性作家塑造的书中人物是完全不同的。女性作家笔触感性、细腻，她们笔下的角色常常把爱情放在首位，为了爱可以奋不顾身地放弃一切；男性作家笔触理性、冷静，他们作品中的男性角色成家的目的是更好地立业，认为只有后方稳固才能安心拼搏，爱情对他们而言不是人生必需品，甚至在他们的人生规划中的排名十分靠后。这种不同，也在一定程度上反映了两性对于爱情的价值判断存在差异。

所以，如果想看看现实中的婚姻什么样，还是要参考父母的婚姻。

我相信，有百分之九十的人都对自己父母的婚姻感到失望，但其实，那可能才是婚姻最真实的样子，是生活的真面目。

父母人到中年，工作压力大，对伴侣审美疲劳，儿女开始进入叛逆的青春期，自己的父母又垂垂老矣，这就是现实中的人生，没有那么多风花雪月，人们每天都有忙不完的事。但只要熬过那些艰难的日子，也许就能白头偕老走完一生。

我认为真正的爱情，是历经世事之后的互相扶持、不离不弃。能熬到那一步，需要扛住柴米油盐的琐碎，抵挡住诱惑与压力，咽下委屈和失望。夫妻之间不能只分享高光时刻，还要有难同当，做彼此最可靠的肩膀。

世界上的一切东西都需要付出才能获得，爱情这么美好的东西，很难不劳而获。爱情可以因为一个回眸而降临，可以因为一条碎花裙、一件白衬衫而让人心生涟漪。瞬间的美好总是轻易地降临，它就像春天的花，夏天的雨，秋天的红薯、板栗，冬天的暖空气，但想要维持住这些美好，绝非只在朝夕。

你要付出很大的努力，才能见识到爱情最美好的样子。年少青春时洋溢的朝气和垂垂老矣时的暮年之气，我们都要平心静气地接受。

不将就不过是自恋过头

很多女性会有这样的疑问：为什么很多男人条件平平却异常自信？其实他们只是喜欢夸大其词而已。我老公为这件事跟我理论了一番，他说："哪个男人不吹牛？怎么我一说话你就吐槽我夸张呢？"我曾经看过一篇文章，说有个女孩最厌恶男人吹牛，多年后她嫁为人妇，看着老公和一众兄弟侃大山，才发现原来男人都好"这一口"，爱吹牛也许是他们与生俱来的特性之一。

男人虽然喜欢夸大其词，但是也很能将就，一碗板面可以吃一辈子，衣服能穿就行了。女人则相反，她们提出的看似简单的需求，往往很难落地。

很难解释男女之间的这种差异是如何产生的,但遇事不如少想"为什么会这样",多想想"这样了该怎么办"。如果你坚持所谓的"完美主义",就要承担不走寻常路带来的不寻常的艰辛。如果你渴望过普通人结婚生子的生活,就必须明白自己到底想要的是什么。

将就不是让你放弃自己,而是要接受他人的不完美。那些一味劝女人不要将就,要等待真爱,或者在婚姻里遇到一点不如意的事就必须离婚的"毒鸡汤",绝对是在向广大女性贩卖焦虑。

谁的人生都不会一帆风顺,同一件事,换个角度思考,瞬间就能柳暗花明。一根筋死磕是非常愚蠢的行为。很多打着"不将就"旗号的人错误地评估了自己,请扪心自问:你真的是不将就吗?不过是临湖照影、自恋过头,给自己打造了一场受尽委屈的幻梦,以为自己是要被逼着嫁给黄世仁的喜儿。怎么那么多戏呢?

我姐曾经给我讲过一个故事。女孩有一个交往了七八年的男朋友,但她总觉得自己能遇到更好的另一半,所以迟迟不能下决心和男朋友结婚。后来,她遇到一位婚恋专家,专家告诉她:错过这一个,下一个不一定会更好!而且,不知还要再等多少年才能遇到！

姑娘回家后，立刻决定和男朋友结婚。

其实，她不过是需要一个明确的结论：你很难遇到更好的了。"等一等"的心态很要命，有这种心态的人往往不能正确地评估自己，所以也无法判断对方是否合适自己，总担心自己会受委屈。

其实，不是不愿将就耽误了你，而是你耽误了自己。有很多人曾立下豪言壮语，一定要找一个和自己的灵魂匹配的另一半，这辈子决不能凑合。可恕我直言，我们大部分人就像是批量生产的同型号的螺丝和螺母，一盒中的所有螺丝和另一盒中的所有螺母都能拧在一起。普通且平凡的灵魂在马路上一抓一大把，互相匹配的概率很大。追求灵魂匹配并没有错，但大可不必自视清高，认为自己是最特别的那一个。

有人认为，人生不应被柴米油盐束缚，而是有很多有趣的事要做。事实上，"柴米油盐酱醋茶"和"琴棋书画诗酒花"并不冲突，很多人把后者的落空归咎于前者，这是毫无道理的。试想，如果事实确实如此，那么所有不被家庭所牵绊的人都应该精通一门技艺，因为他们有大把时间学习，但其实他们的生活和普罗大众并无二致。

学会正视自己吧!如果你确定自己不需要婚姻,那就坚持自己,为生活做好万全的准备;如果你渴望走入婚姻,那就摆正心态"下凡",好好生活。

少提点择偶标准，多想想自己何德何能

互联网上曾出现这样一种观点："找一个带你去看世界的男人吧，看过雄鹰的女人不会爱上乌鸦。"可是，让你崇拜的男人，真的乐意带你去看世界吗？

成年人的世界非常现实，和言情小说里的情节截然不同，没有那么多人为你鞍前马后地开疆拓土，更没有那么多人会看着你成长、等待你进步。

除了知道自己找对象图的是什么，还要知道自己有什么东西可以被人所图。需求是相互的，受委屈的时候问"凭什么"，占便宜的时候为什么不问问"便宜凭什么给你占"？

有一个小姑娘说:"我希望可以有一个格局比我大、能力比我强、眼光比我长远的男人,他能教我人情世故,带我一起奔跑,为我撑腰。"这种观点的问题同样在于未能正确评估自己。综艺节目《奇葩说》辩手傅首尔有句话说得特别对:"少提点择偶标准,多想想自己何德何能。"著名综艺节目主持人何炅曾经在节目里说过一句话,大意是"如果一个人符合你所有的择偶标准,那么他大概率是个骗子"。我有一个粉丝,她深爱自己的前男友,觉得他见过世面,带她开阔了眼界。后来前男友投资失败,欠了一屁股债,却对外宣称欠债的原因是给她买包。债主前来向女孩讨债,她险些丢了工作。即便如此,她却依旧执迷不悟。后来她换了男朋友,却对对方百般挑剔,她看不到男朋友无微不至的关怀,也对男朋友每天事无巨细的付出毫不领情。她告诉我,对方连商场里的高档奢侈品品牌都认不全,既不时尚也没有男人气概。

是否认识高奢品牌不能用来评判一个人的学识和品格。说到底,这种拜金风气的源头还是贪慕虚荣、不肯脚踏实地。这种人总想站在"巨人的肩膀上"看风景,可是世界上的聪明人不止你一个,谁都想走捷径。能不能遇到真正的巨人,有没有本事攀上"巨人的肩膀",那就全看个人了。否则轻则登高跌重,重则一脚踩空,坠入深渊。

从男性的择偶需求看恋爱

一般来说，男性对个人事业的追求与奋斗往往先于对爱情与婚姻的需求，因此男性一般没有太多附加的择偶条件。这样的男性在现实中占大多数。但随着互联网的发展，我发现还有一部分男性的择偶标准犹如空中楼阁。我认识一个男孩，他的个人条件不算差，在工作地有房有车，想找一个"工作地的本地女孩"，这是户口条件；他还要求对方"肤白貌美，二十岁出头"，而他已经三十多岁了。此外，他还希望"女孩有品位"——说明她应该受过良好的教育。

谁不愿意追求美好的事物呢？在择偶方面，不光是女人，男人也要有自知之明。外表美丽、灵魂有趣、家里有地，只要占一样，就算具备了一点吸引他人的资质。

你有房，本地的女孩可能也有。经济条件势均力敌的情况下，你就必须有过人之处来让天平向你倾斜，不然当女孩需要跟你一起回老家、不能跟自己的父母过春节的时候，你该怎么说服她呢？

如果双方都是本地人，过春节的时候两家人还可以聚在一起吃个热闹的团圆饭。当然也可以不聚在一起，比如我们当地的习俗是大年三十和初一在婆家过节、初二回娘家过节。如果女孩跟你回了你在外地的老家，她就不能自行安排过年计划。此外，还有一个需要考虑的问题：好不容易赶上放假，你想回家陪伴父母，而她想出去旅游放松，这个时候该怎么办？

再说年龄。二十岁出头的姑娘大学毕业后刚刚步入职场，可男方已经三十多岁了，急于成家生子。如果出于这个原因娶了姑娘，男方势必要求她马上投入家庭生活中，而生孩子将会对女性的事业和人生产生很大的影响，从怀孕、生产，到照顾孩子再到孩子上幼儿园，至少要花费四五年的时间。

我之前曾就职于某大型互联网公司，那里的工作节奏快到让人喘不过气来。有一次，幼儿园老师打电话告诉我，说我家孩子尿床了，需要家长将换洗的衣服送到幼儿园。我给我爸打电话，让他去送。就接打了个电话，第二天我的组长就来找我谈话，对我说："以后不要在工位上因私事打电话。如果家里有事，可以申请休假。"这番话听上去是在为员工着想，但如果因为这么点小事就要请假，那妈妈们就没有一天能安心上班了。

我在这里再给各位小姑娘提个醒：如果你选择了比自己年龄大很多的男朋友，就很有可能会面对这样的困境——你觉得自己还年轻，想再多享受几年单身生活，而对方却因为年龄偏大想尽快结婚，你是否愿意委曲求全？

当然，很多小姑娘认为成熟男性自有其优势，对方一般已经积累了一定的物质财富。但其实，年龄的增长未必一定伴随着物质财富的增长，而且很多男性会随着年龄的增长而提高自己的择偶标准。

如果一个女孩受过良好的教育，那么她在工作和婚姻市场中都具备很强的竞争力，她就有很广阔的选择空间。我不鼓励女孩好高骛远，但也不会劝她们草草嫁人，而是会提醒她们仔细衡量自己和对方的条件。

我们继续说回前面的那个男孩，他后来向我坦白了自己想找年轻伴侣的原因：如果女方和他都是三十来岁，三十三岁生第一个孩子，那生完第二胎，他可能就要三十五岁了……

听完这番话，我的内心是崩溃的——这是还没有结婚就已经把对方婚后的生育任务安排得明明白白了。姑娘为什么要服从你的安排？你又能给予她什么样的保障呢？在我看来，这位小伙儿拥有的不多想要的却不少，能给的不多却安排得挺好，便宜都自己占着，风险全让别人担着。

还有一个男孩跟我说他在追求一个女孩，但是觉得她太"小市民"了。我很想知道他口中所谓的"小市民"有哪些具体表现，便向他一探究竟。原来，他想去女孩家拜年，女孩问他是来吃个饭，还是要送点东西，如果是要送东西就不必来了，两家相距很远，如果要来送礼，她肯定要回礼，一来一去着实折腾。从他的描述中可以看出女孩非常有礼貌，其实也是在婉拒男孩的追求。但谁知男孩听了这番话后恼羞成怒，说道："我家什么都不缺，你的回礼我也看不上。"在他看来，女孩的家庭条件与自己相距甚远，他不稀罕女孩的回礼。礼尚往来这种基本礼数，在他眼里居然成了市侩的表现。

不论男女，做人都要不卑不亢。择偶也要从自身条件出发，择偶标准别太天马行空。"达则兼济天下，穷则独善其身"，拧巴地活着只会累人累己。

如何做感情中的主导者

要想成为感情里的主导者，首先要做的就是看淡感情。很多女性面对丈夫的冷漠与忽视，或者无法在婚姻中达成自己预期目标的时候，只会一哭二闹三声讨，结果却什么也改变不了。抱怨是没有用的，唐僧管得住孙悟空可不是因为他的唠叨，而是因为孙悟空头上戴着的紧箍咒。"至亲至疏夫妻"这种说法真的很有道理，夫妻之间既要相互扶持，又要相互制约，这样才能实现家庭和谐。

如果你足够强势，可以打蛇打七寸，抓住一些重要的东西不松手。如果你不够强大，那就"曲线救国"，以柔克刚，毕竟百炼钢难敌绕指柔；或者多动动脑筋思考，深入地了解自己的另一半，毕竟"知己知彼，百战不殆"。最不应该做的就是以爱情为人生目标，以"最爱你的人是我，你怎么舍得不理我"为说辞而纠缠。

爱情脆弱且短暂，所以人类才会缔结婚姻。婚姻用亲情牵绊双方，用物质绑定彼此。

很多女性婚姻不幸的根本，就在于她们过于感性、过于依赖爱情，总渴望自己能拥有完美的婚姻，期盼对方会永远无条件地宠爱自己。

婚姻是大部分人的人生必修课。在婚姻生活中，我们用自身所长与对方所长进行资源整合，互相帮扶才能让感情升温，有共同经历才能做到情比金坚。如果婚姻只靠几句虚无缥缈的情话来维系，等到荷尔蒙躁动的新鲜劲儿过了之后，终将回归平淡。

如果你结婚之后，发现真实的婚姻和自己预想的完全不同，我建议你看开一点。有付出才有回报，如果你能用心经营自己的婚姻，相信你一定可以牢牢握住那份属于你的底气，守护住属于你自己的美好。

很多人会不由得感叹："婚姻好难啊！"其实人生本来就是

一场修行,有经历才会有成长。做一个有经历、会思考的成熟的人,不要成为一个只追求短暂快乐的、无知的人。遇到问题,能自己解决总比求别人帮忙好,能解决就比解决不了好。

相亲：把暧昧的时间用来了解对方

没有对象要不要去相亲？我认为，相亲既简单又高效，不应该沦落成最不受人待见的社交形式。

"食色，性也。"饿了就吃饭，无论是在家自己做饭，还是去自己发现的网红餐厅，或是去父母推荐的家门口的菜馆，纠结去哪儿吃，只能说明你还"不饿"。同样，想谈恋爱就去相亲吧。

在互联网上，我们经常可以看到很多人分享奇葩的相亲经历。这些网友的亲身经历可能会劝退一部分想通过相亲结婚的人，但其实大部分人的相亲对象都是父母提前了解过的，已经事先摸清了对方诸如学识与家境等一些基本情况。相亲只是一个认识新人的途径,为什么不能给想找对象的自己一个机会呢?我们不应过度吹捧"自由恋爱",贬低相亲,事实上,它们都是通向爱情和婚姻的途径。

还有人认为相亲是一种交易,是明码标价地谈生意,没有自由恋爱那种不期而遇的浪漫。可是你我皆凡人,谁也不能靠一口"仙气"活着。柴米油盐俗,一颗自视甚高的心难道就不俗吗?相亲不过就是以结婚为目的而谈的一场恋爱,如果这都算俗气,那不以结婚为目的地恋爱岂不更不值得提倡?

很多人不接受相亲,觉得跌份儿、栽面儿,不靠自己找对象就代表自己没有能力。千万不要被这些奇怪的虚荣心束缚,过日子过的是里子不是面子。日子是自己的,舒心最重要。

自由恋爱和相亲各有利弊。相亲简化了谈恋爱的过程,可以把暧昧的时间用于了解彼此,是一种目标明确的、为结婚努力的方法。此外,相亲并不影响体验恋爱的感觉,双方不是今天见面第二天就结婚,而是也可以和普通情侣一样,一起过节,互送礼物,相处过程中并不缺少让人脸红心跳、嘴角上扬的时刻。因此我认为没有必要抗拒相亲。

很多人宁愿在交友软件上四处碰运气也不愿去相亲,看不上通过别人介绍认识的人。但我认为婚姻应该求稳,毕竟我们的目的是找寻一个稳妥的人安稳地过一生。

相亲流程要开诚布公。男孩们不要怕别人问东问西,照实回答问题就可以了,女孩们也不要觉得相亲不浪漫。很多姑娘喜欢"先婚后爱"题材的言情小说,可是到了现实生活里,只是让她们去和相亲对象见一面,她们都不能接受,这不是"叶公好龙"吗?渴望结婚,又不采取任何实际行动,到头来耽误的是自己的青春。

我认为,相亲高效且浪漫,同时还保障了你的基本权益,就像开盲盒一样,你不知道遇到的人会不会是你喜欢的,那不如尝试一下,也许会收获惊喜。

适合：只会让你越来越喜欢

如果你觉得某个人的配偶非常优秀，请不要盲目地羡慕那个人的好运。任何偶然的背后都存在必然，找出那个必然，将其作为对自己人生的建议。如果你发现双方的物质水平有悬殊，那就要看看条件稍差的那一方是不是拥有与众不同的优势可以弥补短板。

我到了适婚年龄后，发现身边的朋友都已相继结婚成家，同辈压力令我非常焦虑，最终我仓促地结了婚。但我不建议你们这样做，择偶要慎重。可阴差阳错的，当年那个矫情至极、要求很高的我迫于现实压力降低择偶标准后，反而变得目标明确了，我认识到自己就是个普通人，我需要结婚——人生中重要的一环和形式——来抵抗来自周围亲友的压力和我自己心理上的压力，结婚可以解决我的问题。我不需要男方给我买房、买车；我的精神世界丰盈富足，不需要他的引领与陪伴。很多人找不到合适的另一半，是因为他们想从对方身上得到太多东西，想让对方为自己稳固、增厚物质基础，填补空虚的精神世界。这种人要爱又要钱，想通过结婚实现阶级跃升、人生逆袭。

你是什么样的人，你就会遇到什么样的人。如果自身优秀，那么遇到的人也大多是优秀的。如果遇不到优秀的另一半，请想想到底是哪个环节出了问题，是自我评估过高，还是看似不高的条件其实很多人无法满足？如果搜索引擎无法准确地理解你输入的词条，那么搜索出来的结果往往会和你的预期相差甚远。不论是以上哪种情况，都要早点认清自己，重新规划一条适合自己的择偶之路。

我和我老公第一次相亲时约在了咖啡馆。当时他问我喝什么，我说要热巧克力。他买了一杯，还给我拿了支吸管。但其实喝热饮是不需要吸管的，但他的这一举动并没有让我觉得他"没见过世面"，反而觉得这个人挺老实，而且很懂礼数。之后我询问他关于工资、房子、车子的问题，他都没有表现出不快，当时我就觉得，可能是因为人家有，所以不怕被人问，也不会觉得别人贪图的是他的物质条件。

他不抽烟、不喝酒，没有不良嗜好，即便他当时的样貌、体重和身高完全不符合我的择偶要求，但是我并没有拒绝和他交往。我的父母也觉得这个小伙儿挺好，也算是认可了他。

总有人问我，适合是不是比喜欢重要？我觉得适合会让你越来越喜欢对方，反之，如果喜欢却不适合，你会越来越难受。可以这样想象：你买了一个十分昂贵的包，却发现自己既没有合适的衣服和鞋子与之搭配，也没有使用这个包的场合，你不愿背它出去挤公交，怕弄脏了，又不甘心它在家闲置，这时你一定会后悔花这么多钱买了这个包。但如果你买了一个很有设计感的帆布包，容量大又轻便，可以装进生活中所有的琐碎物品，又耐脏、不怕水，搭配白T恤和牛仔裤，让你整个人看上去利落且阳光，这时你一定会觉得这个包物有所值。如果没有能力拥有喜欢的，不如珍惜眼前拥有的。

催婚：不矫情的人生更顺当

有人一听到父母催婚，就觉得自己在父母的眼里一文不值：你这辈子没有太大出息，要是再不结婚，庸碌一生连个家都没有就太可怜了。其实父母催你结婚，不过是希望有个人能陪你走完剩下的人生路，可以在你失意时拉你一把，在你忙得不可开交时帮你一下。

一个人的眼界和力量毕竟有限。如果你在生活中没有机会遇到合适的人，父母、亲戚、同事、朋友给你介绍对象，这或许是你这一生中为数不多的可以动用所有人脉的事情了。因此，我们大可不必拒绝这些积极主动的亲友的帮助。当然，这一切的前提是你想结婚。

如果你不满意亲友给你介绍的相亲对象，也不要自我贬低，认为自己在亲友眼里不够优秀。其实，他们只是在尽力帮你寻找和你的条件相似的人。千万不要看到"条件相似"就又觉得委屈了，在人生道路中，"不矫情"可比"不将就"有用得多。

我曾经去过天津的相亲圣地中心公园，那里很多相亲的姑娘的条件都非常优秀，学历高，工作好，而且很年轻，年龄在二十岁到三十岁不等。反观相亲的男性，年龄普遍在三十岁以上，还有的人离异或丧偶（我只是向大家描述现实情况，没有任何贬低的意味）。

我身边的男性朋友或同学，很多在二十六七岁的时候就已经结婚成家。所以，我奉劝各位姑娘，千万不要天天幻想着会有白马王子来拯救你，白马王子大多已经"英年早婚"，没有工夫来拯救你。

找对象这件事，有时候和在商业合作中向乙方提需求是一样的，要求越少路越好走，要求越多可能麻烦越多。从里到外，从身高、体重到学历、工作，再到房、车、彩礼，都设定了条条框框，这不是在找对象，而是画地为牢。

当然，我们也不能对另一半没有任何要求，不论何时都不能走极端。女孩们可以心存浪漫,但绝对不能盲目幻想,对自己、他人一定要有清晰的认知和准确的判断。那些被童话故事洗脑,一心等待被王子拯救的"灰姑娘",先想想这世界上到底有没有仙女、教母,想清楚了再期待水晶鞋吧。

人品：找对象最重要的条件

如果一个人存在人格缺陷，那么他的爱很有可能会表现为近乎变态的占有欲，这一点不分男女。除了那些性格极度扭曲、疑神疑鬼、极度自卑、有暴力倾向、有很强控制欲的人以外，还有两种人要慎重选择。

一种是遇到任何问题都觉得自己没有错的人。这种人的口头禅通常是"你错了"，他们只看得见别人的错误，认为自己永远是对的，从不反省自身、换位思考。这样的心态不仅会让他们在人生路上走得非常辛苦，还会拖累他们周围的人，因为不论遇到什么事，他们都会觉得自己是受害者。这种人在工作或生活中遇到问题只会怨天尤人，充满负能量，经常觉得自己受了委屈，心理极度不平衡，甚至可能通过占便宜来弥补这种不平衡。他们会把自己的生活过得非常拧巴。

从这种人身上,你会深刻地意识到"吃亏是福"。不斤斤计较的人其实不是不和别人计较,而是不和自己计较,否则就算占尽了便宜,仍然无法填满内心的空洞。

往大了说,这种人薄情寡义,不能与他人同甘共苦。与这样的人共同生活,他会觉得你遇上的任何事都是你活该,和他没有任何关系。有女人自己在家带两个孩子,老公不但不帮忙,还在她腰疼时说"你活该"。有的女人嫌弃老公挣得少,她认为自己是下嫁,太不划算了,遂产生离婚的想法。

上面两种情况都让人看到了人性最真实的一面。在感情里遇到不合适的人要及时止损,但如果只是出于上面这些原因,这和一个男人有钱了就抛妻弃子有什么区别呢?结为夫妻就要同甘共苦,就像电视剧《知否知否应是绿肥红瘦》里说的,"一家人总是要互相亏欠的"。成年人要有契约精神,要为自己的选择负责。

秉持着"你过得不好是你的错,我过得不好也是你的错"的人永远不会反思,更不会主动寻求改变。

另一种是总在幻想着一夜暴富的人。

人可以没有挣钱的能力，但千万不能游手好闲。好吃懒做是人的天性，但如果你发现另一半试图靠投机取巧发家，那你就得好好琢磨琢磨跟这样的人在一起是否会有未来。

如果你的另一半嗜赌如命，那你一定要及时止损，尽快结束这段关系。在当今时代，很多行业都存在一夜暴富的可能，许多人迷失其中。一个最好的例子就是短视频行业，很多人成为短视频平台的博主，妄想一夜暴富。如果你的另一半也每天抱有这样不切实际的幻想，请你一定要让他尽快清醒过来。很多博主并没有网上炒作得那么能赚钱、赚钱赚得那么简单，有时运气占据了主导地位，大部分人就是挣着一份比工薪阶层稍高一点却不稳定的薪水，那些动辄月入百万或者年入百万的博主其实只占很小的一部分。

不要总觉得有平台就一定有机会，只有脚踏实地才是最靠谱的。如果有机会一夜成名，也一定要保持平和的心态。

彩礼：精致的利己主义者人穷心也贫

不知从什么时候开始，只要一提到彩礼，就会引起广大男性的一片骂声。他们觉得要彩礼的父母就是在卖女儿，要彩礼的女人就是"扶弟魔"，要彩礼是男女不平等的表现。

这种想法简直是不可理喻。

我承认，有些地方的彩礼金额确实非常高，而且这些地方的彩礼本身也不是用作小两口的家庭经费，而是由女方父母把持。天价彩礼也好，重男轻女也罢，这样的现象往往出现在经济欠发达地区，由于这些地区发展较为落后，男性作为主要劳动力享有更高的社会地位。在这些地区，婚姻更像是一桩交易。在我国的大部分地区，彩礼其实是放在小两口手里的，男方出彩礼，女方出嫁妆，双方共同付出，组建一个幸福的家。这份彩礼是每位父母对新婚小夫妻的祝福。

明明是很美好的一份礼物，现在竟被极度扭曲。

还有人说，既然男女平等，为什么要求男人买房？

男人当然可以不买房——只要女方同意。反之，如果女方愿意买房让你住也可以，这一点你们完全可以商量着来。只是"为什么要求男人买房"这句话一说出口，其实就已经无关物质，这句话只能展现你的不愿付出、吹毛求疵。那么，在一个精致的利己主义者面前既得不到爱也得不到物质的女人，还有可能选择你吗？

你在趋利避害，别人也在择优选择。女性在择偶时对房产有要求，不过是想要一个稳定的生活环境，不想居无定所，这无可厚非，动物尚且知道在生孩子之前搭窝筑巢呢。

人穷不可怕，可怕的是人穷心也贫。很多姑娘会因为一个人对自己好而对其全心相待，即使对方无法提供优渥的物质生活，只要愿意从情感上弥补，最终也能够收获幸福，我认为这是可以接受的。但大部分人穷心也贫的男性根本无法感同身受，在他们心中只有唯我独尊的冷漠。

不愿付出的背后,更多的是一种害怕结婚后又离婚,进而会给自己造成经济损失的心理在作祟。我可以理解这种心理,毕竟现实生活中这样的例子也不少。但就像我劝很多小姑娘时说的那样,不要把婚姻想象得那么可怕,不是所有婆婆都会"折磨"儿媳妇,也不是所有丈夫都会家暴、出轨。同样,也不是所有女人都算计着靠结婚发财致富。根据吸引力法则,经常从负面的视角看世界,往往就会吸引消极的人和事。

俗话说"不是一家人,不进一家门",你要是行得正、坐得端,就有理由相信生活终将幸福美满。

彩礼彩礼,既然是礼,其实就是一个心意和态度的问题。如果对方是前文提到的那两种人,那你赶快有多远跑多远;如果不是,你就要想想,你和他谈恋爱时他的家庭条件如何,如果他有能力拿出十万元彩礼,却只愿意给你一万元,这多少有不尊重之嫌;但如果他只能拿出一万元彩礼,可是你却逼迫他拿出十万元来,那他要到哪里去筹备这么多钱呢?如果要他全家举债娶你,他的内心必然会觉得亏欠父母,以后过日子时,如果你和公婆之间有矛盾,他心里的天平想必会向为自己付出了一切的父母一边倾斜。这岂不是因小失大、得不偿失?

过日子要学会换位思考、推己及人，分清孰轻孰重。双方都感恩彼此的付出，才能长久地相处下去。

人生不是打擂台，不能一把定输赢。不要为了自己开局的面子，最后把里子输得一干二净。

我认识一个姑娘，她在感情中总是试图"拿捏"对方，结果吓跑了两任男朋友。比如，她曾明确告诉对方，自己要用彩礼给爸妈换房子。其实，她要是有孝心，还是要自己努力赚钱，不能把这个"宏伟"的志向压在另一半的身上。试想，如果你的另一半要求你赚钱给他父母换房，你愿意吗？"拿捏"对方，其实就是虚荣心在作祟，不过是希望自己可以从街坊四邻那儿听到一句"某某家的姑娘真争气，嫁得好，她爸妈可享福了"这样的话。

姑娘啊，谁也不是傻子。如果你想让他人心甘情愿地为你付出，你必须有让人欣赏的本事；如果没有，那就是一个"普信①女"，平平无奇，却还幻想让"霸道总裁"着迷。

---

① 网络用语，指虽然普通但对自己有谜一般的自信。

Part 2

如何躲开婚恋中的那些坑

遇渣男：为什么你总是遇人不淑

如果你偶尔一次遇人不淑，这很正常，谁这辈子没有运气不好的时候？但如果你总是遇人不淑，就必须找一找自己的问题了。

有的姑娘很奇怪：温柔体贴的不要，有责任和担当的不要，遇上会说甜言蜜语但不负责任的男人反而两眼发亮。

难道是因为会说蜜语甜言、会制造惊喜浪漫的男人确实太吸引人了，就算他金玉其外、败絮其中却也让人甘之如饴？这种男人就像裹有糖衣的药片，他们只有裹在外面的一层糖衣是甜的，当你把药片放进嘴里，几秒后就只剩下苦味。

有些女孩对爱情忠诚，对伴侣体贴，即便如此，她们却一次又一次地被交往对象伤得体无完肤。我有一个女性朋友，她长相端庄，家境优渥，她的第一任男朋友坦然享受着她带来的各种物质上的便利，却对感情不忠，甚至在她的再三追问下对她动了手。两个人谈恋爱的时候，她最喜欢做的就是"求神拜佛"，用尽了东西方的测算方法，得出的结果是她上辈子欠他的，这辈子要还债，等还清情债后两个人才能分开。

我这位朋友就像着魔了一样，即便大家苦口婆心地劝了很多次，她仍不愿意结束这段感情。当对方提出分手，她却恳求人家再给她一次机会，不要离开她。事后她说："我就是不甘心。"

不甘心的是什么呢？不甘心自己爱的人不爱自己，不甘心没有做错任何事的自己被这样无情地对待，不甘心他后来选择了和各方面条件都比不上她的人在一起。

我这位朋友最终结束了这段感情，后来又交了一位男友。因为有了前车之鉴，她无比看重自己的第二段感情，下定决心这一次无论如何也不能分手。

这位朋友的例子告诉我们，女人一定要明确自己的底线，要"拎得清",对触犯底线的行为绝对不能容忍,不能因为"不甘心"而一味懦弱和忍让,从而给了对方肆无忌惮的勇气。

当一个人特别在意一件事或一个人的时候,他就会把全部注意力都放在其上,竭尽全力不让坏事发生。但有的人用的方法是对的,有的人用的方法则是完全错误的。比如,有人害怕分手,所以每次吵架的时候都尽量控制情绪,以理性的态度处理矛盾,事后还会反思吵架的原因、该如何避免再次吵架,以及如果下次遇到相同的情况,有没有更好的解决办法。在相处中,他也会勤于和对方沟通,给感情加码。就像蔡康永在《奇葩说》里提到的,我们不断地往对方的储蓄罐里存钱,每次争吵就从罐子里拿出一部分,平时存得越多,吵架的时候想一想那些相处中的美好,双方就都能克制一点。

还有的人选择了截然不同的处理方式。他们为了避免分手,要么吵架的时候选择隐忍、逆来顺受,惯得对方越来越跋扈,进而得理不饶人、没理搅三分,把日子过得一地鸡毛;要么疑神疑鬼,把所有的争吵都归结于对方不爱自己了,从而忽略引起争吵的事件,开始寻找对方背叛自己的蛛丝马迹。

有时候,手握得越紧,手里的沙子就流得越快。

我的那位朋友最终和另一半步入了婚姻的殿堂,但遗憾的是,他们婚后一年就离婚了。

我问她离婚的原因是否真的像她每天担心的那样,她点点头,然后又犹豫着摇摇头说:"我每天都查他的手机,看他和女同事的聊天记录。工作就工作,为什么要发表情呢?

"后来他就不让我看他的手机了,甚至还买了一部工作专用手机,你说这不是心里有鬼吗?

"然后我就每天去他的公司。有一两次还真让我堵着了,他明明没有加班,却骗我说在加班,其实是跟朋友喝酒去了!

"后来他说他受不了了,坚持要和我分开。虽然我没有找到他出轨的证据,但你说,他到底爱上了谁?"

听到这些话,我非常无语,便直言不讳地告诉她,如果是我,也跟她过不下去:"你最大的问题就是想得太多,俗称'闲得'。"至此,她的两次恋情都以失败告终,第一次是因为毫无原则和底线,第二次则是跑到了另一个极端。

通过我这位朋友的经历,我总结了遇人不淑的两个原因。

第一，当你特别爱一个人，爱到没有原则和底线的时候，你其实是在通过一种贬低自己的方式抬高对方。你越活越自卑，他却越来越觉得自己无往不利、所向披靡。双方之间的关系逐渐失衡，原因在于你从一开始就没有正视这一段恋爱关系。恋爱中的两个人是平等的，应该互相扶持，而不是一方始终仰视另一方。

第二，可怕的控制欲和占有欲真的会逼疯一个人，让对方一心想逃离。如果不反思，就会陷入一个怪圈：是自己运气不好，所以才遇到那么多面目可憎的人，进而怨天尤人，下次再遇到爱的人的时候就会止步不前，陷入恶性循环。

对我好：他为什么对你好

很多女孩会有这样的疑问：如果一个男孩对我特别好，但是他的家庭条件一般，我要不要选择他作为自己的伴侣？

但很少有男孩问我这个问题。请不要认为是因为男性现实，事实上，他们的理性是广大女性特别值得学习的。

在大部分男性的思维模式中，如果自身条件优秀，自然也会选择条件优秀的另一半，即便双方家庭条件不匹配，女方的学识、教养、性格也能在一定程度上弥补家庭条件这一短板。而在大部分偶像剧和小说里，编剧和作者笔下的女主角不但柔弱且生活"不能自理"，性格清冷矫情，往往还会有一个极其复杂的家庭，但依然受到男人追捧。这样的角色设定就是为了满足那些爱做"霸道总裁梦"的女孩的幻想,所以,姑娘们还是要趁早醒一醒,不要混淆了虚幻与现实。

绝大多数有着不错的外貌和家庭条件的女孩,总会纠结这个问题:如果我错过这个人,会不会再也遇不到像他这么好的人了?其实大可不必为此担心,我们首先还是要搞清楚自己想要的究竟是什么。

有些人对你好无外乎两个原因:要么他对谁都好,要么他对你有所图。前者是性格问题,后者则是人性问题。

比起物质条件,其实"对你好"这个属性本身就不稳定。与其享受他对你的好,不如探究一下他为什么对你好。

如果是他的性格使然,那你可以放心地选择这个人,因为一个人的性格是很难改变的,如果你看重对方这个优点,即使他的经济条件一般,你只要做出不让自己后悔的选择就可以了。

如果是你身上的某种特质深深地吸引着对方,比如外貌或身材,这时请你想一想,这一特质是否易于坚持,能否长久保持?这些容易让人审美疲劳的特质,就算耗费大量的精力和物力去维持,也很难保证欣赏者本身不改变。

所以，两个人之间最好的黏合剂就是性格。性格的互补非常重要，如果你脾气不好但有主见，而他脾气很好但遇事拿不定主意，你们结合在一起就可以取长补短。所有这一切，都比"对你好"三个字来得可靠。

婚前同居：可以但非必须

婚前如果能发乎情、止乎礼，这是再好不过的情况。如果不能做到，也不要觉得亏欠了对方。有个女孩曾跟我说，她因为婚前同居而感到后悔。但正值青春年少，享受恋爱很正常，大可不必觉得自己低人一等，只要做好安全措施，保护好自己就可以了。

婚前同居的两个人虽然提前享受了婚姻生活，但是并未享受婚姻法的保护，反而履行着婚姻当中的部分义务。举个例子，我有一个朋友，她选择和男朋友婚前同居。二人同住的房子是男方贷款购买的，他每月将工资用于偿还房贷，她则承担二人的日常开销。如果他们最后未能走入婚姻的殿堂，女孩不但白白浪费了青春，还浪费了金钱。

如果你是因为爱情而选择婚前同居，那请珍惜这份爱，在相爱的过程中夯实两个人的感情基础。如果你是出于节省开支的目的而选择婚前同居，我想告诉你的是，两个人在一起生活所需的费用其实远远高于一个人生活。

很多人认为，婚前同居是为了提前磨合，为婚后生活做准备。但我认为，这不是必须的。你很难从几个月的同居生活中完全了解与适应对方的生活习惯，也不用天真地认为婚前磨合好了婚后就能万事大吉、一切顺利。很多问题没走到那一步，你根本就想象不出今后会发生什么事。所以我建议大家，不用"模拟人生"，谈恋爱的时候就好好地享受恋爱，结婚了以后就踏踏实实地过日子。

异地恋：面对面沟通最真实

除了婚前同居，我也不支持异地恋。

恋爱讲究的是陪伴。如果另一半总是无法在你需要的时候出现在你的身边，你一定会感到难过，长此以往会慢慢地影响你们之间的感情。如果他在工作上遇到了烦心事，面对面的沟通和发文字、录语音带来的安慰效果一定是不一样的。如果你生病了，你们生活在同一个城市，他可以陪你去医院；如果你们不在同一座城市，他只能安慰你"多喝热水"。我相信，这两种处理方式一定会带给你截然不同的感受。

即使两个人的感情再深，距离也会渐渐消磨彼此间的爱意。

当两个人之间出现矛盾,面对面解决是最好的办法。即使当今的科技已经非常发达,人们可以通过视频聊天或语音电话来远距离沟通,但我认为都不如面对面沟通说得清楚。

有时候吵架只是为了发泄,面对面吵完了,彼此间的心结也就解开了。我和老公也会吵架,我们经常在吵完架后瞪对方一眼,然后忍不住笑了出来,真的是瞬间"一笑泯恩仇"。吵完架后,我们就开始商量着去哪里吃喝玩乐,安抚因吵架而受伤的心灵。但隔着网线吵架,能讲清楚道理但安抚不了情绪,当两个人冷静下来的时候甚至无法拥抱,只能发几个没有温度的表情,吃饭时各自咀嚼着方才的不愉快。长此以往,感情将越来越淡。

选一个比自己年长的男人就一定靠谱吗

很多女孩喜欢比自己年龄大很多的男性，认为一个人的年龄越大，心智就越成熟，但其实二者之间并不存在必然联系。一个人的成熟稳重，也许只是他们戴着面具向你展现出来的而已。年龄大不意味着责任心强、有担当。

如果一个男人真的成熟稳重，考虑事情比你周全，那么你做的一些事在他眼里或许是没有太大意义的。这会让你缺少很多自主性。见多识广的他可能无法认同你的一些选择。支持你会让他觉得累，替你把关会让他觉得疲惫。

选择比你年龄大很多的男人，你自以为做了一个聪明的选择，其实不过是聪明反被聪明误。

人生哪能多如意，万事只求半称心。我说了这么多，并不是要阻拦你奔赴这样的恋爱，而是在告诉你这样做可能带来的后果。

选择人生伴侣，要看重对方的能力与责任心，看他是否能带给你安全感。

有的姑娘如愿以偿地找了一个比自己大十几岁的男人，可婚后生活却并不像她所期待的那般美好。他们不仅有夫妻之间都会遇到的鸡毛蒜皮，还多了很多其他人遇不到的麻烦事。

看一件事要看全貌，才能做出最优选择。带着目的与人交往，也很难换来真心，你在计较得失，别人也在权衡利弊。

在热恋期，人们往往会忽视年龄差带来的弊端。这时候我们一定要保持理智，认真分析。年龄的差距往往会带来思维上的鸿沟。二十多岁的小姑娘喜欢浪漫，想爱得轰轰烈烈；二十多岁的男人务实，觉得好好过日子才是最重要的。

双方都没有错，但在这样的感情中，二人的付出往往是不对等的，这通常会导致一个问题——当初吸引你们在一起的，反而成了日后分手的原因。

你觉得自己的热情得不到回应，他纳闷你为什么总要"作天作地"；你下班后想购物蹦迪，他下班后只想回家休息。就算年轻充满诱惑力，但高高的发际线明显更值得忧虑。

不要用爱情来挑战人性，谁都会选择让自己舒服的生活方式，而不是一味地迁就别人。

为什么说少年夫妻可贵，因为少年夫妻共同经营婚姻，两个人互相影响，相伴成长，在不断的磨合中变得越来越契合，共同摸索出一条两个人走着都舒服的人生道路。这样的感情有着十分稳固的基础，每一段共同经历都像是两棵树在地下牢牢相握的根须，绝对比"背靠大树好乘凉"来得踏实。

先立业再成家：那些裹着糖衣的谎话

有小姑娘问我：男朋友不想结婚，说自己现在没有钱，要先拼一拼事业再考虑个人问题，我该不该等他？

我个人认为，"先拼一拼事业再考虑个人问题"的说法是一个不负责任的谎言。之所以如此表述，很有可能是因为你们之间既没有到分手的地步，他也不想现在就娶你，而是想看看今后能否遇见更好的人。如果可以找到更好的结婚对象，他很可能不会考虑你这几年的青春损失；如果找不到比你更好的人，他至少还有你作为自己的"退路"。

有很多男孩也许是真的想有了更坚实的经济基础之后再考虑结婚成家，他们希望自己的婚姻生活可以更有保障。这需要综合考虑他的性格及现状，看他是不是真的在脚踏实地地努力。举个例子，当你想带他和朋友聚餐，如果他回复你："我不确定有没有安排，先这么定吧。"这句话的含义就是他并没有按照先来后到的顺序给你腾出排期，而是自有一套轻重缓急、先来后到的安排体系。

只有"想不想和你约会"，没有"有没有时间和你约会"（加班和生病除外），不过就是看你重要不重要罢了。

人是利己的动物。大部分女人都想找一个条件比自己更好的另一半，男人亦是如此。

男人也是人，也会算计，也懂得趋利避害，说谎的时候也喜欢用仁义道德做遮羞布，表面上是怕拖累你，其实就是给自己多一个选择罢了。如果他真的为你考虑，他应该想到的是万一自己两年后还如此落魄，那时你该怎么办。

所以，以经济条件不允许为理由不结婚的男人，他或许从头至尾都是打着"为你好"的旗号，实则更多的是在为自己考虑。

我曾问过我老公："如果有一天你落魄了或者生病了，你会怕拖累我而跟我分开吗？"

他斩钉截铁地回答："不会。"

为什么不会？因为这时候他需要你，他怎么会让自己孤立无援？

为什么不愿意和你结婚？因为现在他还不需要你，否则他会拼命抓住你的。

比被哄骗更可怕的，是自欺欺人，毕竟最终受伤的还是自己。所以，如果你的男朋友也对你说出本文开头那样的话，请一定要认真地评估他的话是不是在搪塞和拖延，从而做出正确的判断。不要把时间留给错的人，从而耽误自己寻找真正的幸福。

"作女"不讨喜,伤人又伤己

多数男人渴望一个外柔内刚又不强势的贤内助,她可以把家里的一切打理得井井有条。

那些比较恋家、对另一半更依赖的男人,倒是愿意让别人黏着他。但你凡事都指望他,他凡事也指望你,你们的日子是过不下去的。

所以我建议那些喜欢黏着男朋友的姑娘,不要一味地依赖别人,不要让别人难受,把自己置于被动的境地。

男性和女性的天性是不一样的,女性天生喜欢照顾人,比如,男性去超市购物一般只会购买自己想要的东西,女性则通常会把全家需要用的东西都买回去。一个只会依赖别人的女人，自身的情感需求和生活需求其实很难被全部满足。

有的小姑娘觉得男朋友不在乎自己，就跟男朋友冷战，等着他来哄。她觉得自己没要求对方有房、有车，只是希望对方完全包容自己的脾气，不能跟别人出去玩，做不到就要闹。

这种没事找事就是在"作"。"作女"真的不讨喜，伤人又伤己。

该需要对方承担的房、车，你替他承担了，那些你哄我、我哄你的小事反而纠结个没完。对方不会领你不要房、车、彩礼的情，反而会觉得你特别烦。很多女孩认为："我看不见他就想，他需要我我马上就出现，这才是爱。"

在我看来，这不是爱。

我们要做一个独立的人，从人格到人身都是独立的。我非常喜欢这句话："一个人只有在独立且有尊严的情况下才具备人格。"希望所有女孩都能做一个有独立人格的新时代女性。

"颜控"：长相不可控，人品更靠谱

很多人标榜自己是"颜控"，这是想表达自己品位好、要求高、口味刁，以此体现自己与众不同吗？在此，我不禁想表达我的疑问——

这个世界上有人喜欢丑东西吗？我们会买专柜里最丑的包吗？

有个小姑娘跟我说，她在网上遇到了一个帅哥，加了他的微信。两个人聊了一个多月，这个帅哥既不跟她语音聊天，也不跟她视频通话，她纠结是否要和他继续聊下去。

听闻她的话，我有一点震惊，这个小姑娘其实是在跟自己的幻想聊天，用头脑中幻想出的"小甜剧"哄自己入睡。

过日子不看脸，只看脸的日子过不下去。对方的各项条件都不错，就是不符合你的审美，因此你才会犹豫，可是这世界上从来就没有十全十美的人。如果一个人长得帅、条件好，你有没有想过，他可能在遇见你之前就已经结婚了？

这并非长他人志气灭自己威风。找对象的本质其实是在对自己进行评估，评估正确事半功倍，评估错误一条道走到黑。

有人说不能将就，但谁都有缺点，你的外貌也一定有人喜欢、有人不喜欢，不必用"颜值"作为衡量别人的标准。忠言逆耳利于行，良药苦口利于病，知人者智，自知者明，希望大家都能有自知之明，而不是用"颜控"二字抬高自己、贬低别人。

你的样貌比对方出众一点，对方的其他条件比你优秀一点，两个人优势互补，谁也别自认为高对方一等。这世界上的男男女女，但凡美和富占一样，就已经自视甚高了。如果有幸和一个为人谦卑的、俗称"知道自己吃几碗干饭"的人结合，远比找一个骄傲的孔雀好。

结了婚你就会发现，再好看的人也是人，也要吃喝拉撒，也有情绪、有脾气。时间久了，即便是一个完美的雕塑，你也会对它审美疲劳。外貌没有你想象中的那么重要，重要的是人品。谦虚就是一种非常好的品质，谦虚的人遇事会反思，反思后能学会换位思考和包容忍耐。

如果你的另一半永远趾高气扬，发生任何事都觉得自己是对的，就算他有着出众的外貌，你也没办法跟这样的人过日子。

还有的人认为，找一个"颜值"出众的另一半是为了下一代。其实遗传学没有你想象中的那么简单，我见过有的父母长相一般生出的孩子却可爱至极，也见过有的父母长相出众但孩子偏偏遗传了两个人的容貌缺点。长相这件事并不可控，但性格除了先天遗传外，很大程度上还跟后天的教育与经历有关。一个徒有其表的人也许能得到一时的偏爱，但好的性格与优秀的能力才是立足社会的根本。

当然，我们不能全盘否定外貌的魅力，我只是希望大家根据自身条件去择偶，而不是一味地追求与自己不相符的美丽。

那样的美丽太累。

前任：人要往前看，前任靠边站

很多小姑娘纠结：分手了，忘不掉前任怎么办？

分手后伤心难过是很正常的，但我好像从没有因为分手而长时间走不出悲伤的经历。我最刻骨铭心的一次分手是在上大学的时候，分手后我的情绪极度低落，便跟学校请假，去南京找我的闺密，两个小姑娘预订了一家高级酒店，开始"报复性"享乐，报复的对象大概是"命运"，谁叫它让我失恋。

在南京的第一天，白天我们做按摩，晚上吃西餐、喝红酒。那时候年纪小，不懂红酒这东西有什么好喝的，喝了两口就喝不下去了。但是那家餐厅服务周到、饭菜可口，生理上的享受极大地抚慰了我心理上的创伤。

第二天我们游览了秦淮河和鸡鸣寺,两个意境截然相反的地方,一个让人看尽纸醉金迷,另一个让人体味清心寡欲。晚上我去理发店剪短了头发,然后回到酒店打开电视,电视上正好在播放电视剧《步步惊心》,我们便兴致勃勃地看起了电视剧。

我用了两天时间尽情吃喝玩乐,然后渐渐明白——爱情好像也不是人生唯一的乐趣。自从明白了这一点,我就不再为情所困了。

所以,每次有人问我"分手了应该怎么办",我都会建议大家去旅游,到外面走一走、散散心。学会爱自己后,你就不会计较别人爱不爱你了。懂得爱自己的人才会闪闪发光、熠熠生辉,我们的大部分烦恼,大多是因为书读得太少却想得太多,本来就没活明白,还总是自寻烦恼。

不要觉得离开了前任自己的世界就崩塌了。我一直认为人间的快乐在免税店和购物中心,这并不是在鼓励你成为一个享乐主义者,而是适当的欲望可以激励人不断向前。一个心里有目标又知道该如何达成的人,不会把自己的一切都寄托在另一个人身上。什么时候学会靠自己,什么时候才能丰衣足食,你越独立,就越吸引人。越早明确这一点,对你的人际关系(不只恋人关系，还有朋友关系）越好。

那么，还有没有联系前任的必要？我觉得完全没有必要，好聚好散是最好的处理方式。即便分手时没有撕破脸，分手后也没有必要常联系，否则再见面时只会出现两种情况，一是尴尬，二是旧情复燃。

好马不吃回头草，大部分复合的情侣往往会因为同样的问题再次分开，与其重蹈覆辙，不如改变自己。当你们中的一方改变了，也许就不会再互相吸引了。

《知否知否应是绿肥红瘦》里有这样一个观点："眼睛是长在前面的，做人永远都要往前看，一味地缅怀过去没有任何意义。"成年人总在怀念小时候，但再也回不去小时候了，不如过去的就让它过去，只有一直往前走，才会遇到新的风景和新的人。

有的人因为被前任伤害过，愤怒的情绪久久不能平复，所以总是怨天尤人：凭什么，他凭什么这么对我？因为分手，我和我家人的内心都受到了伤害……

其实，真正能伤害到你和你家人的只有你自己。如果任凭别人的错误一直惩罚自己，到底是能让对方深刻地反省自己的所作所为，还是能让他弥补你呢？都不能。事已至此，就要大踏步地开始新生活。

一两次遇人不淑没关系，但如果次次都栽跟头，那就要从自己身上多找找原因了。每一次教训都是人生给我们上的一堂课，跌倒后要擦亮眼睛，学会吸取教训，而不是陷在泥淖里跟泥较劲，弄得自己狼狈不堪。这样做只会辜负自己，让自己白白吃了这许多苦。

送礼物：不能与爱画等号

"男朋友不送我礼物，是不爱我吗？"其实，送不送礼物，与爱不爱你真的没有太大关系。

我们不能将礼物等同于爱。有一些物质生活优渥的人，逢年过节就让下属筹备礼物送给家人和客户，这样的礼物更多的是在表达礼数。儿媳妇在母亲节给婆婆准备礼物，这也是礼数的一种表现。

如果你想让另一半送礼，大可明确地表达出来，培养他对待生活的"仪式感"。

大部分男人的思维和女人的完全不同，他们有时非常一根筋、非常"钢铁直男",基本不会记得各种节日,更不会明白每个节日的意义以及在这些节日应该送什么礼物。有的男人甚至会在女朋友过生日或情人节的时候送上一束康乃馨,因为他们并不知道,康乃馨常常被用来送给母亲,代表对母亲的爱与感谢。他们兴许只是觉得康乃馨好看而且比玫瑰花便宜。

你看,男人就是那么务实,十个男人里有九个完全不具备浪漫特质。

在很多电视剧里,男主角如果是一个超级"暖男",他会给女主角买各种各样漂亮的衣服和鞋子,还会带她去品尝各式各样的美味佳肴,这是每个女孩心中理想的另一半的样子。但现实和理想之间总是存在差距,你不能把小说里的情节当成现实生活中的目标。

很多女孩都坚定地认为,男人不给女人送礼物就是不爱她。的确有男人以不通人情世故、不懂节日仪式感为借口逃避买礼物,所以很多女孩一气之下也决定停止礼尚往来,及时止损。

不过,我还是愿意相信很多男人真的只是不开窍,就像不会解数学题一样,他们可能就是不知道该如何解答"送礼物"

这道题。

如果我很想要某样东西，我不会纠结是别人送的还是自己买的。如果我想要的是对方的爱，我会从生活中诸多平凡的小事中去发掘、体会，而不是用"自己买的礼物就没意义了"这样的话来欺骗自己，成为一个连爱和礼物都分不清、只能靠礼物去估算爱意几何的庸人。

世上本无事，庸人自扰之。

当然，我们也不应全盘否定礼物的重要性。有的男人认为礼物这个东西太"虚"，行动才是真正有力量的表达："你想吃什么我可以给你做；你上班我可以送，下班我可以接；你喜欢什么东西我都可以给你买；大到房子的装修风格，小到我穿什么衣服，都可以全权由你决定。但是该怎么送礼物、送什么礼物，我真的搞不明白，要不我还是直接给你钱吧。"但对于女人来说，这些恰恰都是没诚意、不用心的表现。

我们要明白，花钱和送礼是两个完全不同的概念。

给你花钱不一定是爱你，但不肯给你花一分钱肯定是不爱你。

给你送礼不一定是爱你,不给你送礼也不一定是不爱你。

送礼更多代表的是一种人情往来。我们中国人讲究礼尚往来,礼即是人情,并非爱情独有。

爱情不是社交,不是靠礼物维持的。在爱情里,礼物不仅不能代表爱的程度,也不能代表利益。

千里送鹅毛,礼轻情意重,一个人在另一个人心里的分量不能仅靠金钱衡量。有些人对礼物的要求远高于对方的承受能力,非如此不能彰显真心,这就有点过分了。

爱要用心感受,从细节看整体。爱是时间越久越能品味得真切的东西,不是用高昂的礼物堆砌起来的。

当然我也鼓励男人们多多学习一下,你们只要稍微用点心,肯定能给另一半制造浪漫和惊喜。那些对于你们来说普普通通的日子,比如她的生日、情人节、七夕节、"520",等等,对于姑娘们而言,都具有非常重要的意义。请把这些特殊的日子在日历上标红,哪怕不能送礼,至少可以送上几句祝福,或一起吃个饭。如果送礼,鲜花和蛋糕是最简单却用心的心意,一把气球也可以浪漫到飞起。

感情需要双方共同维持,只要稍用心思就能有所收获、为感情升温,何乐而不为呢?

我也希望女孩们不要太苛刻,要学会换位思考。其实,你们也不一定分得清所有奥特曼的名字和游戏装备,对吧?

闹分手：不要用爱情去挑战人性

你是不是也曾经用分手吓唬过你的男朋友？你的初衷只是想用"失去"刺激他"珍惜"，结果有的男人却对此无动于衷，还有的情侣就此分道扬镳。

很多女人会在分手后痛骂前任："既然早就有分手的心思，为什么不直接说？还非要等我说出来，让我做恶人。我真是太傻太天真，在这种人身上白白地浪费了青春和时间。"

请停止你的"脑补"吧，会发生这样的情况，只是因为大部分男性对待感情比女性理智得多。

用分手吓唬对方，大部分人是想传达一个信息——我对你的某些行为已经忍无可忍，如果你依旧不思悔改，那就恕我不再奉陪了。但其实，他们笃信"法乎其上，得乎其中；法乎其中，仅得其下"，给另一半设置高一点的"指标"，虽然不能完成，但总能有所改进，最终目标还是希望对方能有所收敛。

然而江山易改本性难移，改掉毛病谈何容易？他不是不怕分手，他是真的改不了。不是因为不够在乎你，而是大部分人最爱的都是自己，这是人性，用爱情去挑战人性是特别没有意义的一件事。

生活中大部分的争吵，几乎都源于一些小事。但争吵过程中说的话太狠，导致彼此猜疑、矛盾升级，很多陈芝麻烂谷子的事被翻了出来，谁都想证明自己在这段感情里更包容、付出得更多，对方不但不知道感恩，还得寸进尺，简直令人发指。

"分手"是一个特别伤人的词，提分手不但解决不了任何问题，还会让你们的关系雪上加霜。

很多人说"爱情经不起折腾"，那是因为人性经不起试探。

人都是趋利避害的，我们的生物本能让我们学会规避风险。遭遇危机时，很多人都会像壁虎一样选择"断尾求生"。爱情于生存而言，就是那条可有可无、没了还会再长出来的尾巴。

这种说法可能会破坏很多女人心目中对爱情的美好想象，但很多人过得不幸福的原因，不是遇人不淑、命途多舛，而是太高估婚姻、太倚仗婚姻，总觉得婚姻是女人的第二次投胎，想靠"嫁人"这件事获得新生。

人活一世，最可靠的永远是自己，每个人都要学会独立。女人要学会取悦自己，而不是将自身的情感寄托在别人身上。

我曾看过一个采访，受访者中的丈夫们对自己妻子的评分都很高。反之，妻子们则对丈夫的评分很低，其中有男性自身的问题，比如家庭责任感缺失、对于妻子不够体贴与体谅、对孩子照顾不周，等等，但除此之外，还有一个更大的原因，就是女性更看重精神上的慰藉与生活中的仪式感，而男人对婚姻的要求往往很简单——老婆、孩子、热炕头。

评估标准不同，幸福指数自然不一样。很多女性眼中的另一半粗枝大叶，既不浪漫也不温柔，与别人展现在社交软件上的美好婚后生活对比，就会产生巨大的心理落差，进而得出

"另一半不爱自己"的结论。相反，男性则觉得自己一心一意地为这个家努力奋斗，全部精力都放在了家庭上，又何必在意沟通交流、制造浪漫和惊喜呢？

长此以往，两个人不断地产生误会，谁都不觉得自己有错，谁都不理解对方，最终使得原本正常的婚姻支离破碎。

如果夫妻能够多体谅彼此，尽量做到步调一致，共同去做两个人都感兴趣的事，为实现共同的目标努力，就能大大提升沟通频率，从而加深感情。丈夫要给妻子一个倾诉的出口，妻子要给丈夫一个表达的空间。

我读研究生的时候，学校宿舍的厨房是公用的，我和我的好朋友经常相约一起做饭。但她是地地道道的南方人，我是土生土长的北方人，我们的饮食习惯天差地别，每次做完饭后都很难共餐。正是这件事让我明白，再相爱、再要好的两个人，在面对基本生存需求冲突的时候，也很难做到为对方让步和妥协。所谓的"生死相依"或许不是不存在，只是太难做到。

希望越大，失望越大。把需求降低，与其把希望寄托在别人身上，不如调整自己。不把自己当回事，每天把注意力放在别人身上,把自己的幸福全都倾注在对方身上,不被"灭掉"的概率太低了。

精神上的满足只能自己给予。爱情是锦上添花,从来都不是必需品。婚姻是基本保障,它始于爱情,忠于人性。

远嫁：请听妈妈的话

在互联网上，很多已经结婚了的网友告诫后来人——不要远嫁。我个人也不建议远嫁。除了那些懵懂无知的未婚小姑娘对远嫁有所期待，过来人里还真没有什么人对"不要远嫁"这个观点唱反调。

婚姻很现实，就像两个人盖房子，你添砖，我加瓦，纯靠风花雪月和吟诗作对是无法抵御外界的风雨侵蚀的。两个年轻人的"砖瓦"，有一部分是从父母处得来的。如果父母给不了太大帮助，那近嫁或远嫁没有太大区别，反之就大不相同了，远嫁相当于单方面放弃了父母可以带来的大部分助益，婚后遇到任何问题，都要靠你自己解决。当然，我不是鼓励女人遇事就回娘家。你不希望婆婆掺和你们的生活，那也不要动不动就回娘家诉苦，过日子是夫妻二人的事，"遇事就回娘家"对过日子没有什么好处，还平白让老人担忧。

除了出钱，父母还能出力。比如，你们夫妇二人今天都要加班，姥姥和姥爷可以帮忙接孩子放学；恰逢孩子爸爸出差的时候孩子生病，姥姥和姥爷可以给孩子妈妈搭把手。

这些并非婚姻中的偶然事件，琐事比比皆是，多一个人帮忙就多一个选择。比起公婆，有的人更愿意"麻烦"自己的父母，这都是人之常情。

父母给你的助益，不论是钱也好力也罢，都是你在婆家的底气，远嫁就相当于抛弃了一部分底气。

试想一下，如果孩子生病，孩子爸爸在开会，无法及时赶回家，你也不好意思麻烦公婆，这时你就要一个人带着孩子去医院。如果你没有孩子，可能无法想象孩子生病之后能有多"折磨"人，你要带他排队挂号、等待面诊，有时还要验血、做 B 超检查，你一只手抱着孩子，一只手拿着手机，还要用胳膊夹着那些挂号单……如果恰逢冬天，你和孩子的防寒服就得有两斤重，你要抱着一个"大棉花套子"干完上述所有事。这些事在你没有经历过之前是很难想象的，在未婚的小姑娘的世界里看不到这些现实的问题,所以她们才会为了爱情不顾一切远嫁。

如果你选择了远嫁,当你的父母生病,但病情不是很严重,在权衡是请假回家探望还是视频通话问候之间,你往往会选择后者。挂掉电话后,你又开始自责,想到父母含辛茹苦地将你养大,在他们生病的时候,自己竟然帮不上一点忙,这种感觉折磨着你。我在医院里经常看到独自站在先进的挂号机器前皱着眉头、完全不知道该怎么操作的老人,可以想象他们有多着急。

在没有结婚之前,我把爱情置于心中最高的位置,即便如此,我从来也没有过远嫁的想法。当我婚后享受着娘家离着近带来的便利,才意识到父母在身边有多重要。

现阶段的我需要父母的帮衬,比如,我女儿的幼儿园就在姥姥家楼下,如果她尿床了,姥姥和姥爷可以直接把换洗的衣服送到幼儿园去。有时候我的父母也需要我,比如,我可以在上班前替他们到医院挂号、取号,然后再去上班;有时候他们吵架,我也可以在半小时之内赶赴现场劝架——中老年人闹别扭,就像幼儿园的小朋友闹别扭一样,需要一个中间人调解,互相给个台阶下。

远嫁还会带来一个问题——该去哪一方的父母家过节。如果双方父母居住在同一个城市，逢年过节时，他们一般会和儿女聚在一起；如果你远嫁异地，每年过年回娘家还是回婆家都会成为一个很大的问题。

前面说到的虽然都不是大事，但这些事你可能每天都会遇到，到时候你就会发现生活有多么不方便。小事堆积起来，慢慢地也就成了大事。

远嫁除了因为爱情，还有可能是为了逃离原生家庭。

如果是为了爱情，我已经在前面的文章里谈到了太多在爱情和现实之间如何取舍的问题，你可以自行回看前文，寻找答案；如果是为了逃离原生家庭，那你就必须擦亮眼睛，分清楚父母是真的不爱自己，还是自己没有感受到父母的爱。不要做出让自己后悔的决定。

Part 3

如何经营好自己的婚姻

毁掉爱情的，不是婚姻

我刚开始做情感类题材博主的时候，很多人咨询我各种各样的情感问题。有一些问题令人唏嘘，基本找不到解决方法，比如，夫妻二人已经有了孩子，但此时出现了非常大的家庭矛盾；再比如，婚后发现另一半有不良嗜好或对婚姻不忠；等等。这些问题要如何解决？我一般只能安慰他们，因为从我的角度来看，这些属于原则性问题，要想一劳永逸地解决，除了离婚，没有别的更好的办法。

不过，出于负责任的态度，我不会给任何人瞎出主意。人生中的事，从填报高考志愿到结婚生子，周围的人只能向我们提供建议，不能替我们做决定，更不能替我们解决问题。我们要为自己的选择负责，承担一切后果。

还有一些人提出的问题真的让人哭笑不得。比如，婆婆对婚姻不忠，可怜的公公该怎么办？弟妹背叛弟弟，但弟弟为了孩子选择隐忍，可怜的弟弟该怎么办？姐姐对姐夫要求太高了，姐夫很可怜，该怎么帮助姐夫？对于这些问题，套用我女儿的一句话："你们还是先管好自己吧！"自己的日子还没有过好，就别把精力分散到帮其他人解决问题上了。

最令我无奈的是那些深夜躺在床上辗转反侧，留言问我"为什么另一半不能像自己那样爱得深沉、炽热，为什么自己的爱意总得不到回应"的人，隔着屏幕看这些问题，都让我觉得窒息。

如果没有充实的日常生活来填补空闲时间，人们往往会执着于一些想象出来的东西。爱情再神圣，西北风不管饱，不如从物质层面或精神层面充实自己。你可以投资外貌，让自己光鲜亮丽，也可以充实精神，让自己通透豁达。不管怎样，都好过稀里糊涂地虚度光阴。要记住，千万不要有"恋爱脑"。

有一句话说得挺对："爱情很廉价，任何人都可以爱任何人，感情是可以培养的。"既然我们都不是独一无二的，那也就没有必要非谁不可，求而不得不如放下。其实，促成你步入婚姻的是正确的时间，而不是某个人。在那个时间段之内，任何符合你的择偶标准的人都有可能成为你的伴侣。

这些话听上去有点玄之又玄，但事实就是如此。从科学角度解释，就是什么时候你想明白了，你的"运"就来了。

如果仅仅是为了爱情，那你根本就没有必要结婚，因为婚姻不是爱情的保鲜剂。爱情由苯基乙胺、多巴胺、肾上腺素和荷尔蒙共同制造，就像你吃糖觉得愉快、拥抱觉得温暖，和夏天吃冰激凌、冬天喝热汤是一样，它的美妙只能维持一段时间。

爱情也许在真空、无菌条件下会保持得久一点，但生活中存在这么多让人狼狈不堪的事，在夹缝中的爱情能生存多久？

毁掉爱情的不是婚姻，就算没有婚姻，你每日要面对的也是一地鸡毛，很多问题并不会因为不结婚就可以避免。爱情那么脆弱，如何维持长久？

你自以为和另一半非常相爱，但其实，你可能只是习惯了对方而已。观点一致、行动合拍、相处舒服，这不只是爱情可以带来的，投缘的朋友、默契的同事都可以给你带来这种感觉。从爱情到习惯，真正让你感受到分手痛苦的东西是后者。从这个角度来讲，如果你想要毁掉一段关系，将会付出很大的代价。

婚姻太了解人性了，它知道人就是这样的动物，我们只要扛过那段时间，感情就会进入另一个新的阶段。

白头偕老大抵都是这么一步一步地熬过来的，不要只看见爱情美好的结果而忽视了它艰苦的过程。

既然爱情是一种习惯，那它也是可以培养和戒掉的。如果你的另一半伤害了你，做了一些触及你的原则和底线甚至是触犯法律的事，你一定要及时止损。但前提是，你要清楚什么时候需要调整自身、什么时候需要坚守底线。

婚姻是委曲求全，也是互惠互利

大部分男性对婚姻的要求就是"老婆、孩子、热炕头"，只要结了婚，这三样东西几乎唾手可得、即刻拥有。

可是女性希望伴侣浪漫，会说蜜语甜言；希望伴侣在生活中充满仪式感，在节假日的时候可以送上鲜花和礼物并共进晚餐，这需要金钱。如此种种，不是婚姻这样一个"底线保障制度"能够满足的，也不是签订婚姻这桩契约的目的。

浪漫没有错，但我更希望女性可以清醒一点。婚姻之于女性，其实只是一种低层次的保障。男女力量的不均等，造成了女性不论在家多么有话语权，在与外界的拉扯中仍处于弱势地位。人们常常认为女性善于忍耐，但其实不是女性愿意忍耐，而是男女之间力量悬殊，在遇到事情的时候，女性的第一选择往往只能是忍耐。

我一个闺密的父母买保健品被骗，她多次去骗子那里讨要钱款无果，用尽了各种手段维权，对方仍旧置之不理，后来，她弟弟到骗子那里讨要说法，对方当天就把老两口被骗的十六万元退了回来。

我分享的这个案例引起了很多女性的共鸣。有人表示，老公在家时，自己在外租房也不害怕；有人说，与吵闹的邻居沟通无果，老公去交涉后马上就解决了问题；有人说，跟装修师傅说什么对方都爱搭不理，老公来了后给对方递了根烟，问题很快就解决了；还有人说，公司拖欠工资，自己带家里的兄弟去维权，顺利地要回了钱款……

我不是在夸大男性的力量，我只是想告诉大家，婚姻从某种程度上来说是一种维稳的工具，不光是为了社会稳定，也是为了女性的稳定。

如果你觉得出于这些目的结婚是委曲求全，不如换个角度想想夫妻双方也能在婚姻中互惠互利。

我相信不是没有人跟你说过这句话,而是你根本不信任跟你说这句话的人,比如自己的父母。很多人觉得自己的父母过得特别失败,因此也觉得他们的话没有任何参考意义。

但回过头来才发现,父母说的很多道理都是对的。如今我们也成了和他们一样说服不了自己的孩子的父母。

那么多人选择的道路未必是错的。随大溜儿又如何?想鹤立鸡群,你也要是鹤才行啊。

刚结婚的丈夫拿我当外人怎么办

刚结婚,大部分男性不会立刻就进入"丈夫"这个新角色,原因是什么我不清楚,但我知道很多女性则完全相反,从和另一半开始在一起的第一天,她们就已经开始设想"一生一世一双人"的生活,变得眼里只有对方而完全看不到其他人。

如果你刚结婚,觉得丈夫不向着你,婆家对你稍有提防,其实这都是很正常的(注意是"稍"有提防,太过提防那就另当别论了)。

我刚结婚的时候,婆婆把房子卖掉了,我是最后一个知道这件事的人。我老公其实是一个根本藏不住秘密的人,但整个卖房过程他只字未跟我提及。当时我就觉得,他完全没意识到我已经是他家的一员了，因而忽略了我。

如果是你遇到这样的情况，你会怎么办？我建议，先调整好心态，然后"收买人心"。在很多"大女主剧①"中，核心女性角色们都有一个共同特点，就是特别擅长与人相处。一开始，她们的处境大都很艰难，人人都针对她们，但她们凭借高超的社交手腕拉拢人心，最后组建了一支非常厉害的"战队"，一起攻克难关。

我们可以从影视剧中汲取经验，对伴侣以及伴侣的家人要以诚相待，但前提是你的公公、婆婆和老公当中必须有一个是"明白人"。什么是"明白人"？就是"捂得热"的人。对于那些"捂不热"的人，不论你付出多少，他都会觉得是理所应当的。同时，你也要清楚自己的付出是否值得，也就是对方要清楚你付出了多少。这样的付出绝对不在一朝一夕，赢得人心需要更久的时间。

相信一年左右你的投入就能得到回报。前期栽树虽然辛苦，但大树一旦长成，就会变得根深蒂固、不可撼动。当对方拿你当自己人，就代表你们之间的隔阂被打破了，你们会更加容易

---

① 指剧情走向围绕核心女性人物的成长历程、感情走向展开的电视剧。

接纳彼此。

不过需要注意的是,在这个过程中,你的态度要谦卑但不能卑微,要让对方知道,你是因为爱他、想好好和他过日子而在努力地适应新家庭,他并不高人一等,不能对你招之即来挥之即去。

千万不要抱着当公主的心态去结婚,结婚之后急于让老公在你和婆婆之间站队,这是非常不理智的行为,可能会把另一半推得越来越远。

算计太多，怎么算怎么吃亏

很多人说："结婚需要糊涂，事事都想明白了就结不了婚了。"我觉得这句话很有道理，它背后隐藏了一个问题，就是"你是否害怕吃亏"。

一个稀里糊涂的人不会去算计财产、算计情感，付出的时候不会想能不能得到同等的回报。日久见人心，相信他的另一半一定能感受到这份心意，继而给予一定的回馈。这是婚姻生活的良性循环。

但如果从一开始在一起的时候就做了最坏的打算，每一次的付出都带有目的性、都精打细算，相信任何一个人都会对这样的伴侣感到心寒。既然你这样对待我，我就"以其人之道，还治其人之身"，两个人的日子就会越过越差。

也许你会说："如果对方对我很好，我自会放下防备，这样不就跳出循环了吗？"但是，如果你对人家处处提防，别人凭什么以德报怨呢？最后聪明反被聪明误，好好的感情落得个草草收场。

房子也好，车子也罢，其实都不必过分计较。一个愿意给你花钱的人，不论他有没有做各种婚前财产公证，婚后你都能得到保障。

人们常说"吃亏是福"，做人不要太计较，既放过了他人，又放过了自己。可怕的从来都不是利益的损失，而是心力的消耗，人和人之间如果连最基本的坦诚和信任都没有了，那才是最可悲的。太过防备彼此，那维持这段关系的意义又何在呢？

我不是针对男性或女性中的某一方。我是女性，我也不愿在我买的房子的房产证加上丈夫的名字。如果真的到了分道扬镳的那一天，我可以补偿对方为这套房子偿还的贷款，但无论如何，我也不愿失去我的栖身之所。

这种想法无关男女，这是人性。

如果你真的很害怕在婚姻中吃亏，那么就在结婚前买一套属于自己的房子吧。在结婚前利用"首套房"资格购买属于自己的房产，是对自己和家庭的一种贡献。买房也许是普通人这辈子最大限度地利用金融杠杆的机会了，除了银行和父母，没有人会以这么低的利息"借"给你这么大一笔钱。两个人都在婚前以最低首付利率买了房子，婚后一起奋斗，各自偿还贷款，合则聚，不合则散，中间的细枝末节自己算。

我认为，婚姻是两个家庭之间的资源整合、两个个体之间的互帮互助，可如今不知为何，"结婚"竟变成了一种较量。一旦陷入这种较量，怎么算怎么亏。

虽然总会有人觉得自己吃了亏，但人与人之间的相处，说好听了是"互相包容"，说不好听的，就是"今天你吃亏，明天我吃亏"，要想不被人占一点便宜，除非你不与别人相处。相应地，你也无法从别人那里得到温暖。人是群居动物，何必搞到这个地步？

结婚后，你会慢慢地发现，日子越久，彼此之间的牵绊就越深，那些"剪不断理还乱"的情和钱，不是分割一套房产就能解决的。

如何掌握家庭"财政大权"

当我们探讨"如何掌握家庭'财政大权'"的时候,从表面上看,这是因为夫妻中的一方在婚姻里缺乏足够的安全感,所以才会特别在乎钱。但从深层次来看,是因为除了金钱外,一方给予另一方的情感关怀非常贫瘠,所以才会将希望寄托在真金白银上,毕竟要在这个世界上活下去,谁也少不了真金白银。

我的一个朋友和她的老公因为钱闹得不可开交,两人连外出吃饭都是各付各的账,谁也不给家里买东西,每花一分钱都要计较,谁都不愿意吃亏。

这个问题产生的原因,是我朋友的老公从不"上交"自己的工资。她认为,自己因忙于照看孩子导致收入降低,而老公赚得比她多，有义务把工资卡交给她。她老公则认为，结婚时收到的份子钱、生孩子后收到的礼金都在她那里保管，自己没必要再把工资卡交给她。两个人谁都不愿意退让，宁可走到离婚的地步也不屈服。

"上交"工资难道真的这么重要，重要到离婚了也无所谓？这不是因小失大吗？

如果你手里有钱，就没必要再"收缴"另一半的工资了，那是他的安全感的来源。换位思考，如果对方手握存款却还要你"上交"工资，相信你肯定也会不开心。

只要没把钱给别人花，花在自己身上也算是为家里做贡献了，因为他也是这个家的一分子，不能找他要钱的时候把他视作家里的一分子，到了花钱的时候又认为他是在给自己花钱，这样太"双标"。

夫妻双方总要各退一步，至于是谁先退，真的无所谓，只要做出让步后另一方也能有所改变，那这一步就没迈错。

千万不要急于求成，两个人闹别扭可能只需要一分钟，但"冰冻三尺非一日之寒"，要想解决问题，绝不在一朝一夕。

日子是给自己过的，没有必要和别人比较。人往往只能看到别人生活中精彩的一面，看不到不好的一面。相声演员郭德纲曾说过这样一段话，大意是，"过日子就如同变戏法，夫妻俩在桌子上盖上一块布，从布里可以掏出任何东西，过日子就是要把这块布盖好，而不是把它掀开"。

与其把希望寄托在督促丈夫身上，不如调整自己的心态，转变自己的想法。改变别人是一件困难的事，改变自己却很简单。

只要不触及原则性问题，夫妻之间还是要互相包容，有句老话说得好："难得糊涂，凡事不可太过。"

很多时候，只要你愿意与对方互换角色，很容易就可以理解对方的一些行为举止的意义了。

花钱这件事也是一样，你不能想当然地认为对方就应该按照你的想法行事，如果换作是你，你也能做到所谓的"应该"吗？"己所不欲，勿施于人"，我们在做事的时候，可能未必考虑周全，不论对方是同意还是拒绝，我们都要了解对方有着怎样的考量。

婚姻里，物质与爱情哪一个更重要

"婚姻里，物质比爱情更重要。"我相信听到这句话后一定有人反问："那爱情就不重要吗？"请注意，这句话是在说，与爱情相比，物质更重要。

很多姑娘在选择另一半的时候不看重对方的物质条件，父母告知她物质条件的重要性，她却听不进去，结婚后才追悔莫及，但为时已晚、木已成舟。世界上没有后悔药，既然做出了选择，就要承担相应的后果。与其埋怨和后悔，不如想想怎么才能把今后的日子过好。

所以我奉劝广大女性，找一个物质条件与自己相当的另一半，既不高攀，也不委曲求全。

很多女性觉得"有情饮水饱",只要有爱情,就可以不用在意对方的物质条件。但其实,男人是很现实的,他也许并不想跟你同甘共苦。有一个男孩曾问我:"我家里很穷,可女朋友要求我必须有房子才跟我结婚,我该怎么办?"这个男孩表示自己很爱女朋友,但是又不想让父母太辛苦,希望女孩能懂事一点,不要房子。在我看来,这段话的大意是:我的家庭条件不好,我希望女朋友可以为我的家庭条件买单。这样的男孩,惦记娶媳妇又想孝顺父母,还要拿爱情当遮羞布,这不是爱情,这只是怕现女友跑了,自己又找不到下一任。从始至终,他想的都是自己。

为什么物质更重要?因为找个物质条件相当的另一半再培养感情,远比找个情投意合的另一半再去奋斗要简单得多。

很多人把感情看得很重,认为两个人就要至死不渝、生死相依,但其实,人的感情来得容易去得也容易,时间是非常强大的,分秒的流逝在人体中表现为时刻不停的新陈代谢。多年之后,最初的爱随着斗转星移或变成了夫妻间亦亲亦友的浓厚感情,或慢慢地变淡随风而逝。有时候不是我们薄情,而是因为改变是生物的一种本能。

感情虽然算不上廉价,但有时候,它和动物之间的惺惺相惜没有太大的区别。所谓"三观契合",只要你不曲高和寡,人群里总有人能赞同你的观点。对一件事的看法往往局限于"同意"和"不同意",很少有第三种声音,大部分人脑子里想的都一样,都能彼此产生共鸣。但是,钱太难挣了,门当户对能让彼此都不累。

"物质比爱情重要"这一观点,是在提醒那些被爱情冲昏了头脑、对生活没有评判标准的姑娘清醒一点,而不是在鼓励她们"一切向钱看"。

你想找条件更好的伴侣,对方可能也一样,所以让自己变得优秀,才是追求高质量爱情的前提。

有个女孩跟我说:"我婆婆很有钱,可是她只给我们买了一套两居室的房子。"

且不说两居室够不够住,我们要先明确一点:婆婆有钱,但不欠你的钱。既然已经买了房子,小两口好好过日子就可以了。

第一次我这么劝她,她想通了。后来她又来找我,告诉我,自己和老公入不敷出,希望婆家贴补,对此我真的无言以对。

吃人嘴软，拿人手短，一些儿媳妇接受了婆婆的接济，在婆家就要"夹着尾巴做人"，挺不直腰杆，这个女孩竟还想伸手去要，怎么那么理所当然呢？

她认为男人就该养家，老公赚钱少就该想办法。

这种想法是错的，一个男人是否有担当、有家庭责任感，不仅仅体现在赚钱多少上，哪怕他赚得不够多，但只要勤劳肯干、积极向上也无可厚非。家庭入不敷出是夫妻自己的事，应该两个人一起想办法，而不是去找一方的父母寻求救济。

物质比爱情重要，知足常乐也同样重要，否则人心不足蛇吞象，到头来竹篮打水一场空。

遇到"妈宝男"怎么办

曾经有个姑娘问我:"要是遇见了'妈宝男'该怎么办?"

除了"渣男"和"家暴男",当代女性最害怕的两类男人还有"凤凰男"和"妈宝男"。

如果遇到前两类男人,女性在权利受到侵害时可以诉诸法律;但如果不幸遇到后两类人,大多数姑娘只能自认倒霉,要么"断尾求生",要么默默隐忍。

成为"妈宝男"不需要太多的"技术",只需要听妈妈的话,所以我认为,此类男性数量比"凤凰男"要多。

"妈宝男"大致可以分为两种，一种是愚孝型，即"母亲为大"，不论母亲说什么都是对的。如果遇到了这样的男性，我建议你从下面两点对他进行考察：他妈妈是不是个讲道理的人和他自己有没有本事。

如果婆婆讲道理，儿子也优秀，这样的家庭基本都有着正确的"三观"。如果你恰好是个"小女人"，或是可以接受做个"小女人"，那你可以选择这样家庭出身的男人，因为在这样的家庭中，长辈具有绝对的权威，但这种权威也不是作威作福、蛮不讲理，所有家庭成员都遵循着一套规定；而生活在这样家庭中的男人，在他们心中往往是"孝"字当先，你只需要跟婆婆搞好关系，努力获得婆婆的认可即可。与这样的人一起生活，你不但不会觉得憋屈，反而会觉得轻松。但如果你是一个独立自主、有想法和主见的人，那我觉得你不太适合这样的家庭。

如果婆婆不讲道理，那你一定要急流勇退，因为你在这个家里不但有"狼一样的对手"，还有"猪一样的队友"。在婆婆面前，作为晚辈的你在地位上被婆婆压制；如果老公不帮你，还站在婆婆一边，那你的日子可想而知会过得多么艰难。在这样的家庭中，婆婆负责"审判"，老公负责"执行"，儿媳妇每天都像是在"受刑"。

还有一种"妈宝男",我称之为"生活不能自理型"。如果婆婆讲道理,但老公毫无作为,你就像是嫁给了婆婆,两个女人拉扯一个家。对于婆婆来说,她或许养了一个好儿子,但对于你来说,老公只能算是可有可无的一个人。这样的婚姻有什么意义呢?

这种男人之所以听妈妈的话,是因为他需要一个人帮他把所有的事都安排妥当,自己就当个"甩手掌柜"。如果你能成功地把老公的"监护权"从婆婆手里接过来,那他就成了"妻宝男",不但听话而且顾家,既不会跟狐朋狗友鬼混,也不会勾三搭四,你就是他的主心骨。用一个英语单词形容这样的男人,就是 unable,意思是"没有能力的"。这样的男人不适合与"小女人"在一起,他们需要的是强悍的、能独当一面的"大女人"。

不能接受大男子主义、性格比较强势的女人,可以选择这样的老公,因为如果这样的女人找一个棋逢对手的人组建家庭,往后的日子只会是针尖对麦芒,二人各有各的想法,谁都想做主,谁也不会让着谁,长此以往只会积累矛盾。

选择这样的"妈宝男"组建家庭会有点累,因为你一个人要处理两个人的事,扛起整个家庭的重担,但同样,你在家庭中会有很高的地位,也更有话语权。这也算是一种互补吧。

婆媳关系的"三座大山"

"婆媳关系"是一个永远都聊不完的话题。我对婆婆只有一个要求——不和我们住在一起,万事大吉。

我的婆婆特别喜欢在沙发上铺毛巾被、在阳台囤积塑料瓶和废弃的纸箱。我刚怀孕时,曾和她在一起住过一段时间。我们有着截然不同的生活习惯,彼此之间也无法顺畅沟通,比如,我习惯叫外卖,而婆婆对外卖深恶痛绝(很多老人都是如此)。我老公不在家的时候,她只给我做一道菜,因为她觉得我吃不了多少,做多了也是浪费。

虽然我知道婆婆做的都是我爱吃的菜,也在尽心照顾我,但看着餐桌上那孤零零的一盘菜,我的内心还是有点一言难尽。

我和婆婆之间没有什么矛盾，但是这些日常相处的小事很难不让人在意，日积月累，本来没什么仇怨的两个人竟然成了"死敌"。距离产生美，这句话在婆媳之间简直是至高无上的真理。

除了生活习惯不同，婆媳之间的另一大矛盾就是带孩子。

不论婆婆还是妈妈，帮忙带孩子是情分，不帮是本分，毕竟孩子是夫妻俩的孩子。有很多父母曾在子女没有孩子时夸海口说："生了你们就不用管了，我们出钱出力。"等到孩子诞生了，他们却发现自己根本摆弄不了哇哇大哭的孩子。

因此，备孕前一定要考虑清楚"未来谁帮忙照看孩子"这一问题。如果家中老人不能出力，那么你们小两口能不能出得起雇用保姆的费用。如果既不能出力，又不能出钱，那就要考虑是否需要夫妻一方全职带娃。如果以上这些方法都行不通，那不如先存点钱，过几年再要孩子。

婆婆只要与你互不打扰，不照看孩子都可以，何况不给钱？

那些惦记着让婆婆每月在经济上补贴你们的姑娘，将心比心，我们在付出的时候，心里其实也在默默地期许可以获得回报，父母养育子女亦是如此。不要觉得婆婆帮衬自己的儿子就是天经地义，人们常说"己所不欲，勿施于人"，只要换位思考，很多在你看来自私的举动，到最后也都能理解了。

凡事有利也有弊，婆媳相处亦是如此，遇到问题要先往好处想。婆婆不帮忙带孩子、经济上不接济，都没关系，要是她又带孩子又给钱，到时候你想不听她的建议都不行了。

很多儿媳妇和婆婆的矛盾就源于带孩子，通常体现在育儿理念的分歧上。婆婆往往遵循的是老一套的带娃方法，儿媳妇却认为很多老方法不具有科学性。但我觉得，你要是需要婆婆帮忙，那就客气一点，婆婆不会伤害自己的孙子或孙女，婆媳之间不过就是理念与方法有分歧而已。作为儿媳妇，在老人遇到不懂的问题时要耐心告知，在一些细枝末节上，没有必要吹毛求疵。

除了带孩子，生孩子也是一道婆媳关系分界线。

怀孕期间可不可以胡吃海塞？能不能养宠物？剖宫产还是顺产？能不能打无痛针？生完孩子要不要母乳喂养？

这些问题主要得听医生的意见,婆婆们就不要瞎掺和了。

有一些姑娘因为生产与婆家闹得不可开交甚至决裂。我非常同情当事人,对她们的无力感可以感同身受,那是一种"把命交到对方手上,却发现对方不堪托付"的失望。还有一些姑娘远嫁他乡,娘家人不在身边,容易受婆家欺负。但凡娘家人在身边,自家人基本不会放任不管,所以大可放心去生。

至于产后如何带娃,这就需要你和你的老公"统一战线"了,孕期就要跟他沟通好生产之后的种种问题。很多姑娘在这个时候拎不清重点,总是千方百计地想让对方体会自己怀孕的艰辛、分娩的痛苦,认为只有这样做对方才会心疼自己。但很多男性并不能理解女性为怀孕生产付出的一切,很难感同身受。至于生完孩子之后要如何养孩子、如何跟家人沟通,这些才是急需解决的问题。只有想清楚了这些要紧的问题,才有利于在矛盾出现时解决矛盾,维护好夫妻感情。

我有一个同学,她的婆婆总是直接推门进屋看她喂奶。她将这件事告诉了老公,下一次婆婆进来时,他直接把婆婆请了出去并锁上了屋门。

所以，婆媳之间的一些问题是需要靠"队友"解决的。如果把婆婆比喻为洪水，儿媳妇比喻为田地，那老公就是中间的堤坝，要时时筑堤，才能防止洪水来临时田地遭殃。

生活中诸如此类的事情还有很多，要知道，"硬刚"只是下策，学会变通、举一反三才是上策。

和公婆一起住？没必要

如果你的丈夫告诉你，婚后必须和他的父母住在一起，因为他要尽孝，那我奉劝你，千万别信这番话。

这是一个看上去充满道义，但要是反对就会陷入不仁不义的圈套，因为大部分男人只是想让你给他的父母尽孝而已。

很多男人是这样盘算的：一是可以让妈妈看着老婆，以防她"造次"，毕竟大部分儿媳妇当着婆婆的面不会跟老公大吵大闹，遇事大多选择忍耐；二是让老婆帮着孝敬妈妈，这样自己就可以专注于事业，减少后顾之忧。妈妈有事找儿媳妇，不论是买东西还是看病，都有老婆帮忙照应，自己当"甩手掌柜"就好了。如果妈妈和老婆闹了矛盾，他们就会选择多加班、晚回家，到家后再在车里坐一会儿，听听广播，抽根烟……

如果真想孝顺父母，为什么还让妈妈帮你做饭、打扫房间？为什么要把事情推给老婆来做？

如果老婆不愿意孝顺母亲，就把"孝道"二字压在她身上，说一通冠冕堂皇、看似正气凛然的话，但其实就是恼羞成怒。

不要自己欺骗自己。谎言就像裹着糖衣的药片，糖衣在口中融化后，就会显露出原本的苦味。

想要"尽孝道"，其实完全没有必要非得和父母同住一个屋檐下。大部分男人其实就是怕麻烦，为了躲避一个小麻烦，给自己惹一个大麻烦。一旦产生婆媳矛盾，受伤的不只三个人，也许还有你们的孩子。作为父亲、丈夫、儿子，请男人们承担起应尽的责任，保护好妻子和孩子，照顾好长辈，而不是在其中和稀泥。

结婚后如何和另一半顺畅地沟通

结婚之后,我和老公经常吵架,彼此之间沟通不畅,这跟学历的差距有关系吗?可能有点关系。他文化素养不高,读书不多,表达能力不强,经常口不对心。

有姑娘说:"我不理解老公的强词夺理,一个男人怎么能这么没有风度,连自己的老婆都不能让着?这也太心胸狭隘了!"

其实,大部分男人真的没有女人想象中那么心胸宽广。当你指正他的错误,他会本能地狡辩。很多姑娘将男人的粗枝大叶混淆为心胸宽广,其实他们不是不爱计较,而是想不到太多的细节。而女人正相反,她们特别关注细节。

以我自己为例，结婚的头两年，我和老公几乎天天吵架，如果遇到了解决不了的问题，他还特别喜欢把双方家长都叫来。我当时觉得，这日子真的过不下去了。

为了能让我爸妈消停，我尝试理解我老公的思维，试图把矛盾消灭在小家庭范围内。每次出现争执的时候，我都会在冷静下来后进行反思：这件事是不是我也有错？那些话是他情急之下脱口而出的，还是另有含义？

有一次我们正在家休息，我让我老公陪我去买奶茶。买的时候他就很不开心，结果买完后还要等半小时才可以取餐，这让他彻底爆发了。

这在我看来只是很小的一件事，实在无法理解他为什么会发火。但是在他看来，好不容易休息一天，比起买奶茶、等取餐，他更想在家休息。我也很生气，不过是买个奶茶而已，等半小时又如何？回家除了打游戏，能有什么事？

那一架我们吵得天翻地覆，可冷静下来想一想，如果是我正躺沙发上舒舒服服地看电视剧，这时他非让我陪他去买鸭脖、鸭舌，然后再等半小时，我也会烦躁。

别人怎么安排时间是别人的事，你不能把自己的意志强加在别人身上。

夫妻之间需要理解和包容，但没有谁必须一味忍让。不论何时，我们都要讲道理，做到"己所不欲，勿施于人"。婚姻需要感性，也需要理性。

我现在已经养成了一个习惯——吵架之后站在对方的角度把引起吵架的事件重新梳理一遍。梳理完成后，我不但能够从中意识到我的错误，还能找出对方面对的问题和难题，进而给出解决方案。此外，我还可以找到他的"雷区"，有效规避，避免再次因同样的问题发生争吵。

有朋友说："与其忍受争吵，不如果断离婚，再挑个称心如意的丈夫不就行了？"

我也想过这种出路，但是离婚就万事大吉了吗？答案是否定的。

我们应该多发掘身边人的优点，比如我老公虽然学历不高，但他没有因为学历低而自卑，更没有因此而性格扭曲；他没有眼高手低的坏习惯，不大男子主义。这些都是他身上的闪光之处。

用发现美的眼光看待身边的一切,为的不是别人,是自己。

夫妻吵架了该怎么办

夫妻吵架了该怎么办？首先要做的就是冷静下来，只有冷静了才能思考。怒火心中烧，脑中想到的都是伤人的话，越琢磨对方说过的话越是火上浇油，最后连沟通的桥梁都被烧毁了。

如果能够冷静下来，那就意味着打开了一扇通向豁然开朗的大门。先告诉自己，对方说的都是气话，人处在气头上，说话都会有些口无遮拦；接着，思考对方这样表达的原因及其心理活动，站在对方的角度去思考；最后，反思自己平时是否存在做得不对的地方。通过以上一系列的步骤，你也许就能理解对方的行为了。这么做是为了安抚自己，是为了不因为争吵而误解对方不爱自己。

很多人在争吵的时候总想分出个胜负、压对方一头，或者只有对方先低头，才能证明他足够爱自己。

这种行为就像小孩需要大人哄一样，究其原因，还是在于没有足够的能力给予自己安全感。

成年人要学会调整、控制自己的情绪，不要让负面情绪影响了自己的生活。

大部分家庭其实面对的问题都是一样的，本质上就是男女思维差异导致的沟通不畅。而这种差异似乎是天生的，很难改变。

除了夫妻相处，我们也要用这样的思维应对工作，不只是为了体谅他人，更是为了疏解自己。

何况适当体谅他人也不是错。包容别人，其实也是在包容自己。越和对方较劲，最后越可能两败俱伤，落得个不欢而散。

有时，我们要试着从"上帝视角"看问题。我并不是在建议你站在道德制高点俯瞰众生，而是希望你能看到每一个人的苦楚，体谅每一个人的不易，进而学会包容，越包容就越看得开，越看得开，眼前的路就越宽阔。

心若豁达，路就通畅。

不如减少抱怨，努力追寻生命中那些美好的事物。

朋友和配偶哪个更靠谱

什么是朋友?每个人都有各自的定义。

共同经历过风雨的是朋友——有可能是同学、同事、创业伙伴;志趣相投的是朋友——两个人都喜欢小说,喜欢同一个偶像明星,都喜欢打篮球,久而久之成了朋友;同病相怜的是朋友——可能是家长群里孩子都被老师批评的两位学生家长,也可能是班里两个都被老师请家长的学生……

我们可能会出于很多原因和另一个人成为朋友,但随着年龄的增长,我逐渐发现,大部分朋友最终都会变为"酒肉朋友"。

成年人的世界里有太多的利益纠葛和无可奈何，最后能约出来吃顿饭的就可以算得上是朋友了。你也不要指望朋友能帮你什么，能陪你吃顿饭就不错了。

朋友真的比伴侣靠谱吗？总有女人嘴硬，说自己可以跟闺密过一辈子。但很少有男人说要跟自己的兄弟过一辈子，因为他们知道，兄弟能做的他也能做，他不会的兄弟也不会，两个大男人在一起生活，有什么意思？

婚姻给女人带来的是安全感，不仅有向内的精神上的安定，更有向外的安心，比如，让你走夜路时觉得安全，受委屈时有人为你撑腰。

很多女人总是想得太天真，和你有法律支持的配偶、有血缘维系的孩子都不一定能指望得上，凭什么觉得朋友就能对你终身负责？而且你和朋友都有各自的朋友，如果你们两个真的住在一起，那是否要像伴侣一样做彼此的唯一呢？

总有女人跟我说要"不婚不育度过余生"，那么我想问她：朋友之间就不会腻吗，朋友之间就不会有矛盾吗，朋友就一定靠得住吗？

找个男人结婚让你生气，找个闺密搭伙也未必称心如意。人与人相处就会产生问题，那为什么不选择一个互补的另一半呢？

或许你还会说："跟朋友可以互相扶持，还不用承担生育风险。"那么，一个人死了之后，还活着的那个人该怎么办呢？

或许你又有了新的朋友，还可以选择入住养老院，但现在中国的单身人口数量不断增长，但凡能在年轻的时候找到志同道合的另一半，也不用老了跟其他人凑合。你年轻的时候吹毛求疵，没人能符合你的择偶要求，老了让你社交，你能行吗？

小时候，两个人玩得好、有得聊就能成为朋友。长大后，随着人生经历的不同、收入的不同、所处的人生阶段不同，交朋友变得越来越难，甚至以前关系很好的朋友，现在也只剩下表面和平了。

借钱，则是一件每个人都不愿意遇到的事。

我找朋友借过钱，但被拒绝了。

我们曾是特别好的朋友，相识了十几年，比和各自老公认识的时间都长，从小到大，一起经历了很多事。我们曾因对方遭受不公平待遇而义愤填膺，也曾因受了同样的委屈而抱头痛哭。

但是我们长大了。

被她拒绝的那一次，我不止找了一个朋友借钱。犹记得自己当时的处境真的非常艰难，现在回想起来仍旧会觉得头皮发麻。但是比没钱更可怕的，是没有朋友愿意向你伸出援助之手，甚至连最亲近的人都拒绝了你的求助。

那种委屈、愤怒、心寒和不甘，给了当时陷入绝望的我当头一棒。但日后想来，也实在没有理由责怪这位朋友，因为谁也不愿仅靠"信任"二字，就把自己的积蓄借给他人，谁也不愿碍于朋友这份情面给自己找麻烦。

千万不要对他人提出太高的要求，法律上，你的朋友没有帮助你的义务。

可是你的配偶有。

我跟老公刚结婚不久，我家里做生意就赔钱了，全家人只能想尽办法筹钱还债。我家把我和我老公投资买的一套小公寓抵押了,虽然我和我老公一人出了一半首付,但是他当时并没有拒绝抵押这套房产,而是很痛快地答应了。之后我们又借了信用贷款,一笔又一笔地给家里堵窟窿。

最后出于一些原因,钱还是无法还清,只能用一套房子来"抵债"。这套房子本身还有贷款,我们前期借出去的钱相当于这套房子的首付,而尚未偿还的贷款我们还要继续偿还。

但以我们当时的经济水平,每月的收入根本覆盖不了这套房子的贷款,我们的生活节奏因此被完全打乱,每个月要做的,只有偿还贷款。

我老公卖掉了自己名下的一套房子,将所得收入投到了我这套要还房贷的房子里,这就相当于把他的资产直接划到了我的名下。

就算这套"抵债"的房子比他自己的那套房子好,能够改善我们的居住环境,但是毕竟这套房子的房产证上写的是我的名字,万一我们以后的感情有了变数,我能否自觉地把他投入的钱如数奉还?我们会不会因为这笔钱而闹到打官司的地步?

但我老公并没有想这么多。但凡对我多一点防备，他都不会那么痛快地做出这样一个决定。换位思考，如果这件事发生在他们家，我觉得我做不到像他对我做的那样。

所以我非常感激我的老公，感激他在我最艰难的时候向我伸出了援助之手，让我知道这一纸婚书的意义与作用，至少比口说无凭的赴汤蹈火有用。

成年人每天都很忙，不忙的时候就想自己待着喘口气，哪有那么多精力应付各种复杂的人际关系？所谓的朋友，彼此的友谊都只靠年轻时积攒下来的情分和仅剩的一点"三观相投"来维持，如果不是同病相怜，有些话又不便和不熟的人倾诉，谁会时时刻刻和朋友联络呢？

人在社会中扮演着各种角色的同时，也需要和其他各种角色相互配合。你需要另一半和你一起面对生活中的大事小情，需要孩子为你的未来搭一把手，需要和同事在工作中协同合作，需要父母做你的靠山和精神支柱，需要偶尔和朋友一起喝喝酒，倾诉胸中块垒。

跟朋友过一辈子，本质上和伴侣过一辈子没什么太大的区别，彼此之间都要互相适应、互相磨合，而后者明显可以带给你更多的保障,看上去是一个更靠谱的选择。

如果你没能遇到靠谱的伴侣,那就另当别论。但我认为,虽然婚姻有种种弊端,但它依旧是一个相对更好的选择。很多人在离婚之后选择再婚,这也在一定程度上证明了有时候我们真的需要另一半。

婚姻中"女强男弱"怎么办

有一些发生在夫妻之间的骇人听闻的案件,很多都是"女强男弱"(至少女方的经济条件比男方的好)造成的。

为什么会出现这样的情况?为什么有的男性会对自己的枕边人恨之入骨,甚至起了杀心?是不是所有"女强男弱"的婚姻都无法善终?

我不赞同仅凭几个案例就"一竿子打倒一片",否定所有"女强男弱"的婚姻。当然,我也不鼓励各位仅凭"他对我好"就忽视门当户对的重要性。

悲剧产生的很重要的一个原因,在于男人要面子。他们一方面希望找到条件优秀的伴侣,另一方面又放不下作为男性的尊严。

在与比自己条件好的女人交往的时候,男人心中不能"吃软饭"的想法会被不断地加深、放大,且为了减轻自己的负罪感,他们会不断地从女人身上找问题,给自己催眠——她其实并不比我优秀。

于是,这样的男人总会觉得妻子凌驾于自己之上,在外界感受到的每一分恶意,他都会记在妻子身上,继而对妻子及她的亲人产生不满甚至恨意。他会觉得,妻子对他的好都是用他的尊严换来的,只要抓住机会,自己一定会把妻子踩在脚下,甚至想让这个见证过他落魄模样的人从这个世界永远消失。

当然,不是所有"女强男弱"的婚姻都一定不幸福。如果男方是一个性格阳光、不爱斤斤计较且没有世俗偏见的人,他不会觉得做"家庭煮夫"就低人一等,而是从心底认同男女平等,夫妻不过是在擅长的领域各司其职。与这样的男人结婚,那婚后就不会有太大的问题,毕竟不是所有男性都有很强的事业心,恋家、顾家是优点,不用给他们冠上不上进的标签。

所谓门当户对,就是夫妻二人之间的社会地位和物质条件不能有太大的差距,否则在日常的相处中,双方很可能会出现巨大的分歧。以我为例,我和我老公只会因为"买几个包"而吵架,不会因为"买包"这件事而争吵,但如果我们之间各方面的差距都太大,别说买包,可能买个包子都要吵。

如果夫妻双方既不门当户对,男方的性格还极度敏感自卑或自负自大,对待这样的婚姻,就更要谨慎。如果他敏感自卑,你的光鲜亮丽会刺痛他每一根脆弱的神经。如果他要强且自负,你优秀的家庭条件就会给他带来巨大的心理落差,让他变得扭曲。在他眼里,你不是家中的顶梁柱,而是压在他身上的一道梁。

互联网上充斥着各种关于婚姻的负面新闻,很多人因此扭曲了自己的婚姻观。在此,我有几点必须提醒大家。

第一,父母不让嫁的人要三思。很多姑娘认为,父母把女儿当成了敛财工具,所以才不同意她找条件不好的对象。我无法苟同这种观点。这世界上多数的父母爱自己的孩子胜过一切,他们所做的一切都是为了孩子可以拥有幸福的人生。

第二,娘家永远是除了自己之外最强大的依靠,永远不要为了一个男人让自己众叛亲离。如果女婿在婚姻中触及了原则性问题，作为长辈一定要保持清醒，不能让女儿为了维持这早已支离破碎的婚姻而一味地忍耐。结婚就是为了与另一半相互扶持、共度余生，如果有一方已经无法兑现婚姻的承诺，那还有什么可留恋的呢？

第三，经营婚姻其实并不难，不外乎"抓大放小"。很多女人喜欢在鸡毛蒜皮的事上斤斤计较，可遇到大事的时候又拿不定主意，甚至做出一些只感动了自己的举动。

第四，我从来不相信爱情能战胜人性，也许这样的爱情是真实存在的，但一定凤毛麟角。如果在青年或中年时丧偶，多数人会选择再婚，尤其是男人。爱的存在本身就是以人的存在为基础的，因为见面三分情，你在我身边，我会慢慢地习惯你的存在，当你离开了我，我自然会难过，可我也能慢慢地习惯没有你的日子，逐渐淡忘我们之间的一些回忆，时间真的可以冲淡一切。

少想想爱情，多想想人情

结婚究竟是出于什么目的？很多姑娘以为，结婚之后每天都能享受甜甜的爱情，但其实，这种想法是不切实际的。如果婚姻里没有爱情，互不喜欢的两个人是不是也能凑合着一起过日子？其实，婚姻是包含爱情的，但爱情只是婚姻的一部分。

"单身保平安"的前提是你足够强大，强大到可以自己一个人走下去。有一些女孩看似强势，但她的内心远没有表现得那么强大，她其实也需要一个可以在搬家的时候帮她扛包、帮她换灯泡、下雨时帮她疏通下水道的人。

如果你和我一样，想找一个能够跟你取长补短、携手共进的人，那我建议你把婚姻当成一个长期项目去执行，而不是抱着找"长期饭票"的目的，靠男人而活。如果你想把婚姻经营好，最好少想想爱情，多想想人情。

婚姻说难也难，说简单其实也简单，不外乎人情世故。你可以将自己看作商业合作中的甲方，将另一半看作乙方，考察他是否可以提供你需要的东西，如果你的物质条件一般，那就看对方能不能给你提供充足的物质保障；如果你性格软弱、不够独立，那就看对方能不能成为可以让你依靠的肩膀。

需要注意的是，乙方通常无法满足甲方太多的需求，因此在婚姻中，我们不能对另一半提出过多的要求，即便他是"千手观音"，也力有不逮。

婚姻是一个长期合作项目，不要总想着更换乙方。在满足了自己的核心需求之后，你需要做的是设定阶段性目标，比如，如果谈恋爱时的阶段性目标是在三十岁之前结婚，那就可以把三十岁设置为一个时间节点；如果婚后的阶段性目标是生孩子，那就想好是自己带孩子还是请人帮忙，如何与照看孩子的老人相处，自己是否愿意为了孩子放弃工作，雇用保姆的话有没有足够的钱……想清楚这些问题，然后等钱款到位，就可以启动项目（备孕）了，一年多以后项目落地（生子），设立的阶段性目标就算是完成了。

如果你觉得这样很累，那我告诉你，人活着没有不累的，结婚有结婚的麻烦，不结婚也有不结婚要面对的问题，所以一开始就想清楚自己要走哪条路就可以了。做出决定后，只要把需要做的事列出来，其实就已经算成功一半了。除非遇到"极品渣男"，婚姻的幸福指数在很大程度上取决于女性。你完全可以做婚姻的主导者，千万别让自己成为怨妇。

婚姻是"生意",另一半是"合作伙伴"

人们经常说:"女人要做贤妻良母。"但我认为,贤妻和良母这两个身份针对的其实是同一个人,那就是你的另一半。

我猜很多姑娘一听到要给男人"当妈",立刻吓出一身冷汗,别紧张,我的意思是,母性是女人与生俱来的特质。所谓"母性",并不是说女人要当伺候男人的老妈子,而是指女人要培养男人,这对女人、对共建和谐家庭都有帮助。

为什么很多未婚女性觉得已婚男性成熟有魅力?其实在这背后,他们的妻子功不可没。男人之所以能成长,一定程度上归功于在婚姻中的磨炼和另一半的熏陶,各位姑娘切不可惦记别人的"劳动成果"。

婚姻就像一桩"生意",另一半则是你的"合作伙伴"。你要知道自己经营婚姻的目的是什么,需要付出什么才能得到你想要的东西,而不是稀里糊涂地爱。有一部分人对婚姻有爱的期许,还有一部分人对婚姻没有爱的要求,他只是想找一个实力相当的"合作伙伴",共同创建一段稳定的婚姻关系。对这种人而言,他对另一半的面面俱到更多的是基于合作的礼数而非爱意。他也不是在和你演戏,只是做了他认为在一段"合作关系"中自己应该做的事而已。如果你们通过初步"合作",形成了牵绊(比如孩子),那你们的关系就更进了一步,从"普通合作伙伴"升级为"战略合作伙伴",牵绊就相当于你们共同注资的项目,这个阶段的夫妻双方可以算是"一荣俱荣,一损俱损"。不止婚姻关系,你想和另一个人建立任何一段稳固的关系,利益捆绑都很重要。

当随遇而安遇上逻辑计划

我是一个计划性极强的人,做任何事之前都要做好计划,因为计划给我带来安全感。我通常会在每天晚上把第二天要做的事列出来,月有月计划,年有年计划。我还有列清单的习惯,比如,我已经买了几个包,还想要买什么包,我会把这些信息都列成表格。对于我来说,不存在"说走就走的旅行",每次旅行前,我都要花费至少一个月的时间做攻略、订酒店;到达目的地之后,我会把每一天的详细安排都一一记录在我的本子上。

是不是听上去有点令人窒息?但我一直认为,有计划才有未来,任何事(包括旅行)都是如此,只有事先做好计划才能圆满。

而我老公则是一个对任何事都没有计划、保持开放的态度、随遇而安的人。

写到这里，我才突然发现我们是如此互补。

比如，我们的性格互补，我是一个内向的人，而我的老公偏外向。假如我内向，他也内向，在相亲的时候，我们可能都挂着一张冷脸，在内心默默祈祷——求求你了，先说点什么吧。这样的场面想想就很好笑。

如果我们都是逻辑思维较强的、偏理性的人，那我们的生活大概要过成一场又一场的辩论赛了。正因为我们中间有一个人是偏感性的，每次的争吵才会因为顾及夫妻间的温情而停止。

如果我们都是非常有规划的人，那到底是执行我的计划还是执行他的计划呢？

所以我认为，最好找一个与你互补的伴侣。如果双方"势均力敌"，各方面都非常相似，往往会把日子过得如针尖对麦芒。婚姻其实是一个不断妥协的过程，双方在这一过程中变得更理解、包容对方，这其实也是放过了自己。

没有人会一直爱一个人,我们只不过是不断地爱上同一个人。

我们要先了解自己,然后才能找到适合自己的道路。越早找到适合自己的道路,你的人生越有可能获得成功。在我的职业生涯中,大部分时间我都在凭借着自己的喜好去摸索适合自己的道路,所幸最终的结果都与我预想得没有太大偏差,虽然适合我的职业并不是我喜欢的职业。如果你喜欢的东西是你完全不适合的,这不但会带给你很大的挫败感,还会让你离璀璨的人生路越来越远。

不论是选择伴侣还是工作,适合自己的真的比自己喜欢的更重要。

生活没有小说中描绘得那么唯美,但它能带给你的远不止唯美这一样惊喜。你喜欢的东西可能是天上星、镜中花、水中月,虽然值得欣赏,但你穷尽一生可能都无法得到它们。适合你的才是那个和你严丝合缝的齿轮,你们寸寸咬合,一定可以劲如疾风。

过日子，少些掰扯，少些计较

我是一个坚定的"结果主义者"，在我的人生信条里，我一直坚信结果大于过程。对于一个重视结果的人来说，最大的折磨就是等待，所以在我上学和工作的时候，我最不喜欢的就是团队合作。

因为合作就意味着要来回拉扯、互相磨合，然后就是等待，等对方完成任务，再将任务交回你手里，如此循环往复，简直是要命。

不，是要了我的命。

在写研究生毕业论文的时候，我们可以选择团队合作或独立完成。周围很多同学都选择了与他人合作，毕竟对于母语非英语的我们来说，用英语写一篇论文有很大的难度，分工合作能够大大降低工作量，何乐而不为呢？

可是我不行，与人合作是我的弱项，我宁愿一个人承受写论文的痛苦，也不愿意承受跟合作伙伴来回拉扯的痛苦。每个人都有自己的行事方法，我不能要求所有人都照我的方法做事，而采用不同的方法所产出的结果一定是不一样的，有的你能接受，有的你不能接受。

与其如此，还不如自己一个人。

这一点在婚姻里同样适用。当我们面对婚姻里的一些问题时，少计较反而能获得幸福感。比如，你明知道对方是个粗心大意或做事拖拉的人，那就不要一边让他做事，一边指责他做得不好、做得太慢，要记住，"用人不疑，疑人不用"。作为情感类题材博主，我经常会收到一些姑娘的咨询，她们向我抱怨老公不做家务，我每次都会这样回复她们："如果你觉得家里实在过于脏乱，那你就去打扫。你丈夫可能有较强的'忍耐力'，很难意识到家里环境的脏乱，你不能要求对方事事都按照你的标准执行。"

但总有想不通的姑娘反驳我:"家是两个人的,我打扫了他不也享受了'干净'这一结果吗?"

过日子要是这么斤斤计较,那只会带来永无止境的烦恼。

婚姻是一个"合作项目",良性的"合作",是每个人在自己擅长的领域做好分内的事,而不是一定要和"合作伙伴"共同完成某件事。

当然,我绝不是在劝大家不要结婚。我发现很多年轻人其实是非常单纯且热血的,在他们眼里,世界永远非黑即白。但其实,许多事都需要我们做出选择,能够把握好"度"的人才是强者。真正的勇士敢于直面惨淡的人生,适应生活才能改变生活,适应规则才能打破规则。

如果你真的心怀抱负,那就请从小事做起吧。

婚姻就是在辗转腾挪中找到平衡

不结婚就能避开所有的麻烦吗?

答案必然是否定的。

上学时,我们需要处理和老师、同学的关系;工作后,我们需要处理和领导、同事的关系。人作为群居动物,时时刻刻都要处理各种各样的人际关系。

婚姻是人类的必修课,它能帮助你更好地理解各种关系。养儿方知父母恩,有了孩子后才知道父母的辛劳,因此也能对其他的老人怀有敬畏之心;有了孩子后才知道孩子对父母来说有多重要,因此才能对其他的孩子产生怜悯之心。

家庭对于大部分人来说是第一驱动力。古人云："成家立业。"很多人都是在成家之后才懂得要为了家庭而努力奋斗，只有感受到肩上承担的责任，才能不断地督促自己前进。我们也许不是伟人，但平凡的我们做着平凡的事情，这就是伟大。

这世上没有绝对的自由，只有相对的自由。婚姻在一定程度上就是一种受约束的自由。比如，有了孩子后，我们开始早睡早起、认真吃饭，不知不觉间生活作息也变得规律了，看上去好像不那么随心所欲了。如果奉行绝对自由的原则，想几点睡就几点睡，想几点起就几点起，一日三餐想吃就吃，想不吃就不吃，身体也许很快就会反馈不健康的信号。

一些青年男女有着"一身反骨"，他们认为，不结婚成家，就能有大把时间经营自己。但我见到的大部分单身到老的人根本没有努力充实、经营自己的人生，很多时候只是没有目标地虚度光阴。

所以不要自欺欺人，不要因为自己没有找到符合心理预期的另一半，就用"反正结婚也很累"来自我安慰，这样做的结果往往只是耽误了自己。

如果对感情、婚姻、家庭有渴望，或者并不排斥，那么我建议你早一点找对象，越早越好。四十岁是人生的一道分水岭，很多人的观念在四十岁之后会发生重大改变，我的一个朋友就曾跟我说："四十岁之前从没想过要孩子，但四十岁之后，突然就非常想要一个孩子了。"

婚姻已经是普通人能经营好的最简单的关系之一了。如果你觉得经营婚姻很累，那别的事情于你而言只会更难。

大家一定要明白自己在婚姻里的核心诉求是什么，抓住主要矛盾，适当忽略其他不完美的地方，这样才能把日子过好。

还有个姑娘曾跟我诉苦，她遇到了一个没有长大的"宝宝男"（不是"妈宝男"）。她当初为什么选择了这个人呢？因为她看中了这个男孩优秀的家庭条件。

你选择了某一个人，就是因为他可以满足你的核心诉求。

这个姑娘当时一定考虑到了男孩的家境可以保证日后温饱不愁，那结婚的时候就看重这一点就好了。你要明白，自己图的不是他脾气好、有担当，不是他聪明、能干、会赚钱，而是他家里条件不错。

那为什么有的人会觉得日子越过越不平衡呢？可能是因为婚姻中产生了实质性的问题，也有可能是因为婚后想要的东西不一样了，比如，婚前希望另一半努力赚钱，婚后又嫌他整天忙工作；婚前他对你好得没话说，婚后又嫌弃他挣得不够多。

不知足，所以不快乐。

在明确自己的核心诉求之后，我们可以根据它调整策略，见招拆招，这样才能成为婚姻里的主导者。如果你是"强势型选手"，那就找个能挣钱养家的人，相信他绝对不会事事被你左右；如果你是"依赖型选手"，还偏要找一个"妈宝男"，你要他如何为你遮风挡雨？

所以，我们既要看到另一半的优点，又要看到缺点。明确核心诉求的同时，还要知道自己的底线在哪里。想清楚这一点，在最低期待值与最高期待值之间调整二人的关系，调整的过程就是主导婚姻的过程。

谁先知己知彼，谁先找到调整的方法，谁就是赢家。

Part 4

当妈后的『步步惊心』

当妈之后,一点小事都会让人崩溃

我自认为是个很坚强的人,可是当妈之后,一点小事就能让我崩溃。

我很"佛系",不指望孩子能取得多优秀的学习成绩,只希望她每天放学回家后能安安静静地吃饭、看电视,然后踏踏实实地洗澡、睡觉,这对我来说,就是最大的"母慈子孝"了。

我女儿是个话痨,她每天早上一睁眼,就开始叭叭地说个没完。大人说话的时候,她还特别喜欢插嘴,一定要"刷"存在感和参与感,比如,我和她爸爸聊单位的同事她就跟我们聊她的同学,如果家里来了客人她一定要把写的字拿出来给客人展示。

小孩真的是一种非常需要大人陪伴和肯定的生物，他们时时刻刻都想被人关注。

可我不想关注我女儿，我只想安静地待着。夜深人静的时候，看着老公和孩子的睡颜，我的呼吸放松了下来，新陈代谢也加快了——就是这么夸张。

因此，我一度觉得自己特别不适合做妈妈，尤其是看到别人家一片和谐、我家却是鸡飞狗跳的时候。我自责过，觉得对不起孩子，也崩溃落泪过，觉得对不起自己。

前些日子，我在看电视剧《小舍得》，最让我佩服的，就是剧中的妈妈们在下班之后还能给孩子做饭、辅导作业、哄睡，甚至还有时间练瑜伽。

她们都是超人吗？还是我太"废柴"了？

单说哄睡这件事，就足以令很多妈妈崩溃。

我女儿从月子里就不爱睡觉，几乎二十四小时"挂"在我身上，只要把她放下来，她一定会醒。我看着她睡觉，内心在提心吊胆地数时间，看她能不能坚持超过一小时。有时候她半小时就醒了,我的心态立马崩溃了。

刚生完孩子,我的身体非常虚弱,身旁还有一个精力充沛的"小怪兽",不眠不休地跟我"死磕",你说可怕不可怕?

到现在为止,睡觉也是她的一个大问题,只要午睡了,就能"待机"到半夜。

她让我给她讲故事,故事讲完了,她却不睡觉,要么胳膊痒,要么脚丫疼。哄睡无果,我便厉声警告她:"再出声音就给你扔出去。"

现在,我把睡觉设置为限时任务,我把她安置到床上,命令她在我洗澡回来之前必须睡着。

"学渣"不可怕,"睡渣"才可怕。

除了不爱上学、不爱睡觉但酷爱说话以外,我女儿还有其他的坏习惯,可谓是一个"臭毛病集大成者"。

她爱乱吃东西,什么都想尝一尝(包括自己的手),为此我带她去过几次医院,做血液检测、微量元素检测,还给她补铁、补钙、补锌,因为铅高,我还买了杞枣口服液给她喝……

她"没出息",拿到好吃的东西要藏在桌子下面吃,生怕有人跟她抢。苍天可鉴,我从来没有在吃上委屈了这位"小祖宗",但她就是特别馋,不好好吃饭,就爱吃零食。

她注意力不集中,不论上什么课都一样。你和她说话的时候,她的思绪早就飘到了千里之外。你跟她生气,她还觉得委屈。我批评无果,她还越来越焦虑,完全不知道自己错在哪儿了,一说她她就绞手指。

很多人会说:"这是孩子的早期教育没做好。"我个人觉得,这其实跟教育没什么太大关系,"哄睡大法"不是对每个孩子都有效,有的孩子天生就挑食……曾有个妈妈觉得孩子不爱吃饭是因为自己做的饭不好吃,后来当她看到自己的侄子狼吞虎咽地吃下她做的饭时,这才明白,原来对于有的孩子而言,什么山珍海味都不对他的胃口。

有一次,我女儿跟我说她想结婚,我用开玩笑的语气问她为何小小年纪就想结婚,她的回答却让我笑不出来。

她说:"我想离开你。"

真让人难过,你在给小树修剪枝丫,小树却在想怎么才能连根拔。

所以我努力地改正自己,并跟老公一起互相监督,努力成为温柔的爸爸妈妈;如果做不到,至少做一对情绪稳定的父母。

在"当父母"这条路上,所有人都是摸索着来的,就像夫妻相处一样,需要互相磨合。我们唯一能做好的准备,就是与孩子共同成长。我们当然可以请保姆来分担照看孩子的重担,这是一个很实际的做法,有人可以在你忙不过来的时候帮忙照顾孩子的日常起居,把各种琐事打理得井井有条,这样你就不会因为难以平衡工作和家庭而情绪崩溃,继而把坏情绪发泄在孩子身上。即便如此,保姆也不能完全代替母亲,你在孩子身上付出的一切他都看得见,并且一定会在日后有所回报。

做母亲始终要身体力行,我身边很多雇用了保姆的母亲仍在坚持陪孩子睡觉、带孩子玩耍。

人活一世,要学会面对。孩子是人生中至关重要的一课,对你和你的另一半都是如此。

凡事各有利弊,我们要坦然面对。

我或许不是一个有耐心、懂教育的妈妈，但我一定会做孩子的后盾，让她在今后的生活里有后悔的底气和重选的勇气，不聪明但善良，不成功但坚强。

这是我跟她一路走来的所思所悟和自我治愈。

当妈就不能有"少女感"了吗

最近我发现了一个非常奇怪的现象:大家对"成为母亲"这件事有很大的误解,好像只要成为母亲就意味着老了。刚刚生完孩子的女明星出现在公众面前,所有人都会对她评头论足,不是说"眼角皱纹深,脸颊肉下垂",就是说"眼睛不够亮,状态不够好""比以前憔悴了、疲惫了"。

我认为,女明星的状态没有问题,有问题的是大众的心态。人们有自由选择是否生育,但请不要给母亲冠以某些特定的标签。每个人都有很多面,我们不能因为其中的一面就给一个人定性,能者不一定就要多劳,当了母亲不一定就要操心到老。

人当然都会变老,但这只是生理意义上的变老,不是由身份转变带来的。当社会舆论开始转向"当了妈妈就会老",这将是很可怕的一件事。这种说法不仅不尊重每一位母亲,还会让未婚未育的女性产生焦虑,更有可能影响国计民生。

当然,很多妈妈会有这样的想法:当了妈妈之后需要时刻想着孩子,操心的事情多了,留给自己的时间少了,自然会变老。

我认为,当了母亲,更要有一个积极向上、年轻乐观的心态。新生命的降临不是在将女性推向深渊,而是在引领女性步入全新的人生阶段,与孩子共同探索出一条健康的亲子关系之路。既然是共同成长,就要尽早抛弃"我老了"的心态,这既是对自己的"解放",也是对孩子的"解放"。

另外,我也希望社会可以对带孩子的妈妈更宽容一些,而不是以"素质"二字捆绑她们。一个妈妈带两岁的小男孩进女厕,一个年轻姑娘和这位妈妈发生了口角,她不太能理解为什么要让男孩进女厕,在她眼里只有两性之分,却不知道两岁的孩子尚没有自理能力,妈妈根本不放心让他一个人去上男厕。

不亲身经历,永远不会感同身受。所谓隔岸观火,近了尚且能感受灼热,远了也只能算是看了一场事不关己的热闹罢了。

我经常一个人带女儿出去吃饭，邻桌的陌生人曾多次对我们投来厌恶的目光，虽然我女儿并没有做出任何不礼貌的举动，甚至有一次，在我们落座之后，旁边的女孩边看着我们边跟她的男朋友说："我是不会生孩子的，你要是不接受就趁早找别人吧。"我呼吁大家：请不要因为互联网上个别"熊孩子"的案例，就对孩子产生群体性厌恶。我们的社会需要包容之心，希望大家可以以平常心看待"妈妈"这个身份，正视婚姻制度，也正视自己，不要被网络上一些断章取义的言论影响了"三观"。

保护孩子：害人之心不可有，防人之心不可无

不论你是青春年少的姑娘或小伙儿，还是已经生儿育女的爸爸或妈妈，都应该时刻谨记：害人之心不可有，防人之心不可无。

单纯没有错，但过分单纯或者把自己的孩子保护得过分单纯，那就不是什么好事了。我并不是在宣扬"受害者有罪"论，要知道有太阳的地方就一定有阴影，世间有好就一定有坏，不存在"不心存警惕也绝对不会被伤害"的理想王国。因为有红绿灯，所以过马路的时候就可以不看往来的车辆了吗？

我女儿刚刚五岁，从动画片里了解了这世上有好人和坏人。社会上存在着很多缺乏道德的人，有很多灰色地带和阴暗面，

我们不应该用宝贵的生命去以身涉险。

如果明知山有虎还偏向虎山行,心存侥幸,这样的人受到伤害不值得同情。常在河边走,哪有不湿鞋?

天下没有免费的午餐,我们都应该少点浪漫,多点现实,不要总想着通过捷径获得成功。谁都有追梦的权利,但追求梦想和实现梦想之间隔着的那条路不是想入非非,而是脚踏实地。

我不为难孩子，也请孩子别为难我

我做不了母婴类题材博主，因为我家孩子是"散养"的。

母婴类题材博主需要教给妈妈们很多育儿知识，比如婴儿喂养方面的知识，怎么给孩子做抚触操、如何应对新生儿猛涨期、该准备什么样的辅食、选择什么样的益智玩具和幼儿读物；等孩子年龄再大一点，他们还要传授给各位妈妈选择早教机构和幼儿园的相关知识与经验。

对于如此繁杂的内容，我实在没有什么经验可拿来分享或供大家参考。我不执着于母乳喂养，也从来没给孩子做过辅食，所以我可能无法和因为这些事产生困扰的妈妈们产生共鸣，也无法给她们提供太多帮助。

虽然我和很多妈妈一样，也接受不了孩子天天跟在身后"妈妈、妈妈"地喊，但是我又和大部分妈妈不一样，因为我并没有把孩子的许多琐事放在心上。

我的原则是，只要孩子不打扰我，我绝不会因为孩子为难自己。当然，我也尽可能不为难孩子。

我女儿满月时就断母乳了，因为我觉得母乳喂养对妈妈来说太过痛苦，为此我还在互联网上发表了一篇题为《母乳喂养是一场全民性质的道德绑架》的文章，果不其然被网友骂了，其中很多持反对意见的都是妈妈——显然她们不排斥母乳喂养。这让我产生了一个疑惑：为什么有些妈妈一边以"牺牲"自己为荣，一边又吐槽孩子烦人，还要骂孩子爸爸什么也不管？

母亲能给孩子的并不只有母乳。母亲是一个家庭的灵魂人物，母亲快乐全家都快乐。只有家庭幸福了，孩子才能身心健康地成长，这比什么辅食都有营养，比什么早教都管用。

有些女人，她们无私奉献，擅长"自我感动"，对孩子和另一半都抱有很高的期望，却常常得不到想要的回应。谈恋爱的时候，她精心为男朋友准备了礼物，可是男朋友却连她喜欢的蛋糕口味都不知道；结婚以后，不论老公多晚下班，她都坚持等他回来再吃饭，自己饿得头昏眼花。有了孩子后，她坚持用"最好的"母乳喂养孩子，却发现孩子根本不吃，反而更喜欢喝奶粉。相信很多妈妈都会因此崩溃大哭，觉得自己很委屈。

"我已经这么努力了，为什么你就不能听我的话？"

但其实，这不过只是为人母的自我感动而已。我们把自己的意愿强加给孩子，如果孩子不接受，我们便难以接受付出却得不到结果的事实，继而顾影自怜。

从孩子出生的那一刻起，母亲们就绷紧自己的神经，劳心费神，出钱出力，自己苦一点没关系，就是希望孩子能生活得好。这是为人母的天性。

也正因为如此，在面对孩子的不配合、另一半的不给力时，她们才会如此难过。其实，母亲们完全不需要那么"伟大"，而是应该给自己留出时间，与孩子共同成长，我们的社会也应该给予女性足够的时间，让她们适应妈妈这个角色，而不是从"卸货"那一刻起就立起"为母则刚"的大旗，将其重重地压在她们身上。

你要相信自己是一个好母亲，凡事须根据自己的能力和情绪量力而行，可以尽力，但不必用尽全力，更不用和他人比较，比如，别的妈妈母乳喂养到两岁，你要向她看齐；别的妈妈每天给孩子做营养丰富、五颜六色的辅食，你也要让孩子吃上健康美味又富含营养的食物。这种比较是完全没有必要的。

请永远记住一句话——许多事情我们不能占全，当我们事事都用别人的标准去要求自己的时候，势必会感到身心疲惫。我们也不应该把"为母则刚"这面大旗不停地传递给别的女人，自己受过苦，应该给别人撑伞。

女性应该帮助女性，因为只有女性才能理解女性。

我们不用一味地教育孩子要克服困难、勇攀高峰，生活中需要"勇攀高峰"的时刻其实并不多。我们要教会他们的是绕道而行，如果走在错误的道路上，要及时转换跑道。只有让孩子从小在喜欢的事物上获得成就感，长大之后，他们才会更自信、更勇敢。

当妈也要学会取舍。母亲的本能是不可估量的，母爱是十分伟大的，但是我们是不是要稍稍"收敛"这种本能和爱意，多关注一下自身呢？我们可以平衡好自己的生活和孩子的生活，你懒一点，孩子就会勤快一点；你少操心一些，孩子反而更独立。

当了妈妈,也请记得把时间多分一些给自己。如果有人以母爱"绑架"你,劝你当了妈妈就必须以孩子为先,这时候请你坚定地说:"不!"不是当了妈妈就必须成为"奶牛",不是当了妈妈就必须二十四小时为孩子服务,不是放弃自己的事业、凡事以家庭为先的妈妈就是好妈妈。

当妈妈们降低了对自己的要求,不但能拯救自己,或许还可以把带孩子的担子让爸爸们多分担一些。他们或许无法培养出"超级奶爸"的能力,但带孩子可以提高他们的家庭责任意识,夫妻二人同心协力,培养出一个皮实的孩子。

对婚育最有说服力的,就是全社会的妈妈都是快乐的妈妈。

当"虎妈":学历只是敲门砖

我不是"虎妈",曾经我也希望自己能有一个优秀的孩子,但通过每天在家辅导女儿上课我才发现,她属于既不聪明也不用功的类型,或许是因为我确实不懂科学的教育方法吧。别人家三岁的孩子英文都很流利了,可我女儿连母语里简单的"二"字还学不会说。

开学了,老师要求完成古诗打卡任务,可我女儿每天都不记得需不需要背古诗。

她不知道今天老师教了什么古诗,甚至连老师教没教古诗都不清楚。她让我在手机软件上看看别的小朋友都背了什么,看完了再让我教她,一遍、两遍、三遍……她却怎么也记不住。

我在家教她认"一二三四",她只记得住"一"。

在辅导孩子学习这方面,我没有耐性,我女儿没有天赋,我们俩都不太努力。

至此我们都放弃了,决定专攻特长。我幻想她或许可以走"演艺"这条路,今后当个"十八线"小明星,有戏的时候就拍戏,没戏的时候就休息,上街不会被人认出来,谈恋爱也没人管。

我显然是把这条路想得太简单了。

我给她报了钢琴课,学了一年,至今她连一首完整的曲子都不会弹。我还给她报了舞蹈课,课上,她是全班跳得最差的一个,简直是朽木不可雕也。

我闺密劝我要多鼓励孩子。学校公开课上,所有的妈妈都在表扬自己的孩子,可"宝贝真棒"这句话,我实在说不出口。

而立之年的我刚刚接受自己的碌碌无为,又要被迫接受自己女儿的平平无奇。我不断地劝自己:我就这个水平,孩子的资质也只能如此,别再折磨孩子、折磨自己了。

我希望所有家长都能对自己和自己的孩子有清楚的认知，给孩子选择一条适合他的路。学习是一场马拉松，如果一开始就消耗了太多力气，后面的漫漫长路会跑得很辛苦。

而且，每个孩子不仅起跑线不同，还是在完全不同的生产线上被"制造"出来的。我们应该正确地评估自己的家庭环境，而不是全家"打鸡血"，盲目追寻那些遥不可及的东西。

也许我是因为人到中年，已经丧失了年轻时候敢闯敢拼的激情，在我看来，如果人到中年还像无头苍蝇一样四处乱撞，把自己年轻时未能实现的梦想寄托在孩子身上，才是真正的失败。

在学生时代，我遇到过很多学霸，那时我和他们都笃信知识可以改变命运。但后来，我发现很多学霸把一生的运气都用在了学习上，有的人高考失利，没能进入名校，多数人则和其他成绩普通的同学一样，在毕业之后成了平凡的上班族。

职场和校园完全不同。

学历只是一块敲门砖，职场更看重努力、机遇、贵人、眼力见儿。人这辈子，说全靠运气太过唯心主义，说全靠努力又太天真。我们终其一生,不过是要做个普通人。教育政策的优化已经能够让新一代人不再重蹈我们当年"一考定终身"的覆辙,所以家长们的观念也一定要跟上时代的脚步。

当孩子没办法长成你想象的样子

孩子真的没办法长成你想象中的样子，他们只会长成你的样子。

我是一个特别独立的人，很少依靠他人。感情的事我想得开，感情以外的事我自己也能做得来。表面上大大咧咧，不给别人添麻烦，但其实我的内心特别顾及别人的情绪和感受，甚至有些"讨好型人格"。虽然看上去非常勇敢，在网络上什么都敢说，事实上那只是因为我在现实生活中遇事能忍则忍，自我消化负面情绪，很少向他人倾诉与宣泄。这样的性格既有好的一面，也有不好的一面。

好的一面是，我不依赖他人；不好的一面是，我这种性格的人活得真的非常累。

所以我一点都不希望我女儿和我一样。

然而事情总会向我不愿意看到的方向发展。

每当她做事磨蹭的时候,我就会在旁边催促:"你不能利索点吗?"每当她遇到一点小问题就喊我的时候,我就会反问:"你不可以自己处理吗?"

久而久之,她变得越来越麻利,尤其在我面前,为了表现自己,能不让我帮忙就不让我帮忙。

她长成了我的雏形。

我为此深深地自责过,决定以后一定要温柔地对待她,但是等到再遇到事情的时候,我又控制不住自己,心里总有个声音在说:"人还是要靠自己,如果现在不开始学习'独立',以后得走多少弯路?"

我想把我得到的经验都传授给女儿,让她步履轻松地在人生路上前进,但我忘了人生路就是靠自己一步步走出来、熬出来的，没有人是例外。

我已过而立之年，才稍稍学会遇到问题时可以"曲线救国"，怎么能要求一个不满六岁的孩子现在就学会以柔克刚？我到现在还不太会说软话，又怎能奢望还在上幼儿园的她练就能屈能伸的本事？

成长这条路，妈妈还没有走完，怎么能希望孩子一步登天呢？

是我太心急了，太怕孩子受伤，这样反而让孩子受伤。

我记得刚上幼儿园的时候，我女儿完全没有分离焦虑，不知道是因为之前上早教适应了和同学一起玩，还是她不敢哭闹，总之她虽然害怕和我分开，但不会撒泼打滚。

我还根据早教老师的建议，给她买了一本绘本，书中小浣熊的妈妈为了让小浣熊在幼儿园不感到害怕，便在它手心吻了一下，并且告诉小浣熊，妈妈的"魔法亲亲"会一直陪着它，这就是妈妈的爱，哪怕是洗手也不会把爱弄丢。

所以，每次送女儿去幼儿园之前，我都会和她亲亲。开学一周后，我以为她完全适应了幼儿园生活，第二周上学的第一天，粗心大意的我忘了"魔法亲亲"，并且在她表现出不愿意去幼儿园的时候选择扭头就走。

当我准备离开的时候，我听见她跟我说："妈妈，我想要一个'魔法亲亲'。"

她只是想要一个"魔法亲亲"，不是不想去幼儿园，也不是要黏着我，这么合情合理的小要求，居然也被我忽视了。

当我想补偿她一个亲亲的时候，她已经被老师领进幼儿园了。一整天我都如坐针毡，那稚嫩的声音一直在我脑海里回荡，现在回想起来，我仍旧非常愧疚。

这是一件没有掌握好身为母亲的尺度的事，别的妈妈是过度"牺牲"自己，我是过度要求孩子；别的妈妈是在学习上严格要求孩子，我是在为人处世上对孩子严格要求。

当妈妈需要修炼很久，我希望各位妈妈不要陷入上面这两种极端。

我在劝告大家别给自己那么大压力的同时，其实也在慢慢地调整自己。

我几乎每隔几天就会在我的小本子上写下"不要跟孩子生气"。一周过去了,我一直没有跟孩子生气,我甚至以为自己已经戒掉了太要求孩子独立的"恶习"。

我最近经常反思,有我这样的"硬刚型妈妈",我的孩子怎么可能成为小鸟依人的姑娘,今后又有何枝可依呢?

那么,不如顺其自然。对于做事磨蹭的孩子,"奉献型妈妈"不要替孩子包办,"独立型妈妈"虽不包办,但也不要反复唠叨,只需教孩子形成时间观念。如果孩子实在磨蹭,那就把要做的事尽可能提前。各位妈妈不要心疼孩子起得太早,也不用疾言厉色地催促,我们甚至可以让孩子自己做事,既有助于孩子形成独立的性格、养成守时的观念,又不会因为催促而打击孩子的信心。

所以,各位妈妈不要怕孩子走弯路,只要他能走出自己的路就好,我们应该与孩子做伴,携手前进。

不过,我也不希望孩子成为一个性格柔弱、生活不能自理的人,凡事还是要靠自己。只是我希望通过我的改变,让孩子把握好人生的尺度,始终谨记"过刚易折,要适度柔和"。

如果正在阅读本书的你和我如出一辙,既然无枝可依,那就祝你"大鹏一日同风起,扶摇直上九万里"。

Part 5

成长的目标也许是成为普通人

你在忍耐别人，别人也在忍耐你

我妈是一个"重度强迫症患者"，这一点体现在家里的每一个物件都在它应在的位置上，不可以有分毫偏差。我最近一次挨骂，就是因为我把柜子后排的化妆水摆到了前排。她的"强迫症"体现在方方面面，让我印象最深刻的，一是她特别喜欢擦地，二是我家的洗碗水绝对不可以倒进厨房下水道。

周围的人（包括我）都不太清楚该怎么跟我妈相处。我给她取了一个非常好听的昵称——豌豆公主，她就像童话故事里的那位公主一样"矫情"，隔着厚厚的床垫都能感受到压在下面的那颗豌豆。

先说擦地。这件事在我家的重要等级可以排在第一位，只要我妈一开始擦地，全家人必须老老实实地待在屋子里，千万不能在她老人家面前晃悠。

她抱怨："我在这儿擦地，都在那儿看着，这个家是我一个人的吗？"

我说："你不愿意擦可以不擦……"

她回道："不擦多脏，你瞎吗？看不见这地有多脏？你怎么那么懒呢？啥都嫌麻烦，吃完还得上厕所呢，那你咋还吃饭？"

躲屋里还不算完，她什么时候擦完地，我们什么时候才能吃上饭，因为我妈永远遵循先来后到的原则，擦完地才能做饭。

我有时候经常会想：为什么我妈要以一种近乎极端的方式维护家庭环境的整洁？是她心中的整洁有序遭到了挑战，所以导致她脾气差？还是因为她脾气差，以至于她看什么都觉得无序且不洁？

她的心情常年被阴云笼罩，家里的气氛也就常年处在冰点。在这个家里，我们好像做什么都是错的，我极少听到她对我的赞美和肯定，在她心里，我处处不好，处处不如人。

她经常拿我表姐来跟我比较，说我表姐跟我姨妈亲，我就不像表姐那样孝顺……

但是我姨妈对我表姐可谓是千依百顺，她安排任何一件事都以我表姐为先。我表姐就是她家级别最高的成员。而我家呢？我家级别最高的事，是擦地。

所以，我更喜欢一个人待着。

我妈二十四小时在家，家里的氛围自然不好。家对于我来说不是一个温暖的避风港，更像是一个牢笼，待在里面太憋屈了，我的心时时刻刻都是揪紧的，连一点响动都不敢弄出来。

结婚后，我也喜欢一个人待着。我不喜欢亲戚聚会，听见孩子不停的说话声就觉得厌烦，甚至连我老公躺在我旁边呼吸都觉得聒噪。其实我只是习惯了安静，因为安静让我觉得安全。而且我害怕争吵，害怕冷战。

我爸和我妈总是在吵架，吵完了就开始冷战。我妈可以算是"特级冷战选手"，按季度起算、按年计费地不理人，身处在那样令人窒息的氛围里，对我来说每一秒都是煎熬。

豌豆公主的"玻璃心"总会被别人无心的抱怨刺痛,然后立马高昂起头颅,宁死不低头。

我和我妈截然相反,我不在乎什么面子、尊严,不在乎对方怎么想,我只在乎自己活得舒服不舒服。在她深度"强迫症"的压迫下,我反而对大部分事情都无所谓。冷眼旁观我妈这一生,多数时间她都在跟没有意义的事较劲,而且常常为了躲避一个小麻烦,给自己制造一个大麻烦。

所以,我成了一个目标明确的人,可以轻易做到"两害相权取其轻",因为我知道对我有利的是什么、我要的是什么,其他的我都可以舍弃。

结婚后,家是两个人的,你有你的生活方式,我有我的生活方式,不分对错,不一定非要迁就对方。心情好的时候一起做大扫除,心情不好的时候就窝在沙发里,不累自己也不逼别人。

很多姑娘完全不会理性地处理生活中的问题,有的人甚至因为无法容忍丈夫拿了东西不放回原处而选择离婚。

其实,我理解这种每次都要给别人收拾烂摊子的感觉,久而久之谁都受不了。可是，为了这样一件小事就给自己制造离婚的大麻烦，这么做真的理智吗？现在有很多"毒鸡汤"都在告诉我们离婚是正确的，可在我看来，这是为了避免小麻烦而给自己徒增大麻烦。

人们总说："过日子就要睁一只眼闭一只眼。"难得糊涂是智慧，很多人却歪曲了这句话的意思，即便是在另一半出轨这样触及底线的问题上依旧选择隐忍。但我们也不应该把所有问题一刀切，把每件小事都视为原则问题、底线问题。

你总觉得你在忍耐别人，其实别人也在忍耐你。别人破坏了你设立的规矩，你感到厌烦；强迫别人遵守你的规矩，别人又感到厌烦。这世上大部分的事并非非黑即白，对于同一件事，从不同的人的立场出发，可能会得到截然相反的结论。所以，过日子一定要拎得清重点，不要因小失大，这样就得不偿失了。

当我用我妈所有的反面案例自我"驱动"时，慢慢地也就理解了她所有行为背后无法言说的焦虑。

为什么她总因为我爸的一句小小的抱怨就变得像刺猬一样敏感？因为在她的认知里，抱怨了就是不爱，爱都没有了，那就保有最后的尊严吧。

三十岁的我回头看三十岁的妈妈,发现她的爱情观和世界观非常单纯,我所有对她的忍耐最终都变成了包容,今后对她再也不会有怨言。

原生家庭：要不要听父母的话

很多人觉得我很幸运，有着顺遂如意的人生：从小学一路读到研究生，毕业就找到了工作，工作后通过相亲，顺利结婚生子……其实要实现所谓的"顺遂"，背后的每一步走得都并不容易。

要"听话"就不容易。现在很多年轻人是"不听话"的，他们不愿接受父母的安排，不想被条条框框束缚，而是敢于打破陈规、挑战权威。

我们常说："过犹不及。"一味循规蹈矩固然无法革新，过分贬低陈规旧俗也未必就是聪明之举，所以有时候就要认怂、听话，在能力不足的时候多听听过来人的建议。在人生的某个阶段，我们由于缺乏足够的人生经验和经历，会把未来设想得过于美好，进而轻敌，最后被现实生活碾压得一败涂地。

这几年，"原生家庭"这个词火了。很多年轻人开始滥用这个词，把自己的原生家庭贬得一文不值，仿佛自己就是典型的问题家庭养育出来的孩子，把自己的不良性格、不善交际、人生不顺统统归咎于父母，对父母的反感远多于感恩。

我也曾是这样的人，可是在我结婚生子之后才发现，父母永远是我最值得依靠的人，他们给了我别人无法给予的底气。或许我们的父母没什么太大的本事，但大多数父母都是从自己有限的认知出发，无条件地爱着自己的孩子。他们看问题的视角也许狭隘，也许存在偏差，可是他们的经验货真价实，他们走过的弯路、获得的教训值得参考，就算我们不愿全盘接纳，也没有必要全盘否定。

在大学专业的选择上，我们不愿听从父母的建议，认为他们跟不上时代，推荐的都是些"过时"的专业，只有自己才最清楚未来有哪些新兴产业，今后从事什么行业、做什么工作能赚大钱；找工作时，父母建议我们考公务员、当老师，可是这些工作在我们看来似乎又累又无聊。

很多人会有这样的雄心壮志：我要干一番大事业，像电视剧里叱咤职场的白领一样，谈生意走花路，三年晋升主管，五年当上老板；身穿职业装，脚踩高跟鞋，出入 CBD；几百万的合同经手，房子、车子全都有……

然而现实是，我们只能在高楼大厦的格子间里埋头苦干。很多公司为了防止员工工作偷懒，不在工位之间设置隔断，甚至在后台偷偷记录员工的工作时间。你以为的精致白领生活，不过是每天被甲方折磨得面容憔悴，对着方案改字体、改字号、改标点、改排版，到手的月薪可能都过不了平均线。

在遭受了生活的"毒打"后，我们发现父母说过的很多话都是对的。如今我们成了父母，也变得和他们一样，说服不了自己的孩子。

我胆子小，非常听话，还特别擅长反思。很多人有误区：反思就是认怂，不仅丢面子、跌份儿，还给了对方继续蹬鼻子上脸的机会。

但我觉得，反思可以使人进步。俗话说："吃一堑，长一智。"吃亏后不反思，那吃亏永远只是吃亏，只有吸取教训，才能避免在同一个地方跌倒两次。认怂也没什么不好，忍一时风平浪静，退一步海阔天空，卧薪尝胆才能厚积薄发。所以反思是为了自己，不是为了别人。

宁跟聪明人吵架，不跟糊涂人说话。如果对方是聪明人，在你反思的同时他也会反思自己，你们共同进步，变得越来越好。

那我们该如何进行反思呢？

我认为反思自我的最佳方式之一，就是独处。

我是在英国读的研究生，留学的日子里，我几乎都是独来独往，这也给我带来了很多思考的时间。虽然有一些想法不过是我的胡思乱想，但好在最后我都能理清头绪，把负面的想法从头脑中剥离出去，只留下积极的认知。屋漏偏逢连夜雨是人生常事，我们不能因为屋漏就不躲雨，这不是看得开，这是自暴自弃。

看得开，是要放过自己。一件事没做成没关系，这时候要思考没做成的原因是什么、下次该如何做才能成功。如果未能达成人生的阶段性目标，也不要全盘否定自己，整装再出发就可以了。一条路行不通没关系，我们没必要一条路走到黑、不撞南墙不回头,这不是勇敢,而是不会动脑思考。

通过仔细的分析,相信你的心境会越来越开阔。以谈恋爱这件事为例,我不鼓励不间断地谈恋爱,人一定要有独处的时间,在独处中才能整理好思路,从教训中吸取经验,不然纷繁复杂的感情一段接着一段,哪有时间看清自己的心。人生就像是海上的那随波逐流的小舟,很难一帆风顺,要是不小心触礁,岂不是悔之晚矣?

在英国读书的时候,经过生活中各种琐事的历练,我也比以前多了一点耐心。

我要自己去银行,自己交房租、办宽带,不断提高沟通能力的同时还要仔细观察异国人民的生活习惯,学会察言观色,发现、总结他们为人处世的规律。不要觉得活在温室里的人很幸福,一旦离开了温室,他们也只能依靠自己努力生存。

"察言观色"并不是一个不好的词,《孙子兵法》中说:"知己知彼,百战不殆。"摸清一个人的喜好和习惯是一种本事,出国是可以锻炼这种能力的方式之一。

最重要的一点，就是不要羡慕、不要嫉妒别人。不知道从什么时候开始，很多人被互联网上所谓的"成功学"带跑偏了，和那些轻轻松松年入百万甚至月入百万的人一对比，自己的人生太过平淡普通，因此难免心态失衡。但我认为，这种优渥的生活并没有什么值得羡慕的。

我之前住过别墅，但其实于我而言，实属"打肿脸充胖子"。别墅是家里人买的，出于一些原因转到我名下，每月高额的贷款完全超出了我的能力范围。那两年我们全家都在为了还房贷拆东墙补西墙，别人却只看到我住豪宅，看不见每每临近还贷日我的焦虑，那时的我真是恨不得把头发揪光，用脑袋撞墙，只能靠喝酒平复心情。

那段时间，我经常和办理贷款业务的工作人员打交道，从他们口中听到了不少和我类似的故事。

每一个家大业大的家庭，一朝登高跌重，便有可能粉身碎骨，高收入的背后往往存在高风险，很有可能"一着不慎，满盘皆输"。

我们羡慕娱乐明星，羡慕那些看上去没有什么太大本事但是靠着"运气"一夜成名的"网红"，可我们只看到了他们的光鲜亮丽，却往往忽视了他们背后常人无法理解的艰难。所有的付出和回报都成正比，那些德不配位的人自然有他们的灾殃，但如果你是靠劳动换取成果的，那么你凭本事赚的每一分钱都能让你感到踏实。

保持独立不等于不结婚

保持独立和结婚从来都不冲突。

港剧中的女主角大部分是精英女性,她们收入可观,性格独立,却依然渴望爱情。她们虽然不会把渴望爱情挂在嘴边,但是也不排斥婚姻,不像现在的很多女性,只要一提到婚恋,就如遇到洪水猛兽一般火力全开。

婚姻从来不会影响一个人的独立。在当今社会,很多人陷入了一个误区:结婚之后女人要照顾一家老小,必然要放弃自己的事业;照顾孩子只能舍弃自我,怀孕生子就不能保持身材。

"没生过孩子的人,果然更显年轻啊!"这句话如今在互联网上广为流传。

但其实，我们都忽略了一件事，或者说是刻意回避了一件事，那就是真正影响独立的是你的经济条件和思想水平，从来不是婚育与否。

如果你的经济实力过硬，大可以"买时间"，比如雇人带孩子，雇钟点工做饭、做家务，你不会因为有了孩子就失去了属于自己的时间，也不会一脸疲惫地面对满屋的凌乱而不知所措。如果没条件"买时间"，你就只能亲力亲为。

我从来没见过身边有哪个女人被家庭拖累了事业，是金子到哪儿都会发光，如果你有发达的能力，坐在家里也能飞黄腾达。

除了经济条件，还有一个重要因素影响自身独立——思想水平。我们家没有请过保姆，原因说来惭愧：我这个人对自己大方，可以给自己买任何东西，只要钱花在自己身上，怎么都舍得，可是如果要让我花钱请人做家务，那我宁愿自己干。即便如此，我也从来没有觉得被家庭束缚了、不独立了，反而感觉自己比结婚前还要自由。

有人可能会说："那是因为你的另一半始终支持你。"我想反问:"你焉知自己不能找到一个支持你的另一半,又或者焉知自己没有能力去说服另一半?"

我老公支持我,除了他为人厚道,还有一部分原因就是我有足够的能力让他认同我的观点。

因为我足够独立且内心丰盈,从来不过度索求他的陪伴,甚至还会在他遇到难题的时候开解他。这样的我做出的决定,他有什么可反对的呢?

如果你是一个事事需要另一半替你做决断、时时需要另一半陪伴的人,那家庭于你而言更像是一座避风港,因为你本身也不够独立。

至于那些特别能干、在家里是一把好手的妻子们,她们虽然嘴上喊累喊烦,但是大家有没有想过,家可能给她们带来了成就感和安全感。

看一件事不要只看表面,不要听别人抱怨几句就恐婚、恐育,不要做说者无心听者有意的人。不是每一桩婚姻都终会失败,它虽是围城,但不是狮虎城,能把人吃得骨头都不剩。这座围城是两个人合力搭建的家,夫妻在其中各司其职。

不结婚真的潇洒又自由吗

现在不少人奉行独身主义,认为如果结婚后过得不好,还不如不结婚。可是,不结婚真的既潇洒又自由吗?

我们对未来的预期往往较高,永远有人后悔,选择了 A 的羡慕 B,选择了 B 的羡慕 A。如人饮水,冷暖自知,你觉得别人过得不好,但其实人家过得很好;你觉得别人过得不错,其实对方的生活早已千疮百孔。

我身边有不少一生未婚未育或者已婚未育的女性,她们的日子确实过得一言难尽。

我的一个姨奶奶未婚未育,另一个已婚未育。两人都在花甲之年得了抑郁症，原因很简单——没有伴侣或孩子，没有生活寄托。

姨奶奶甲一直没结婚，还好她有一份不错的工作，每天有事可做，所以经过一段时间的药物治疗之后，她的抑郁症症状得到了缓解。

姨奶奶乙的病情显然更严重，她年轻时是一个特别外向热情而且异常清醒的女性，步入老年后却因为没有孩子得了心病。和老伴儿出去旅游的时候，本来玩得很开心，当看到别的老人打电话告诉孩子自己到哪儿了、询问孩子来不来接他们的时候，她一瞬间就崩溃了。她没有可以打电话的人。

年轻的时候你体会不到这种感觉，总觉得累了一天回到家终于可以放松一下，泡在浴缸里，边喝红酒边看电影，这样的日子快活似神仙。

但随着年龄的增长，你会发现自己想要的东西变了。

你想跟别人聊天，发现大家谈的都是孩子教育，都在吐槽老公和婆婆，你和她们没有共同语言，搭不上话。

休息的时候，别人要陪孩子上课外班，带孩子去亲子餐厅吃饭、去游乐园玩，你没办法加入人家以家庭为单位的娱乐活动。

逢年过节的时候，别人或许会为了去妈妈家还是婆婆家吃饭而争吵，但节假日对你来说似乎格外难熬，窗外是万家灯火，你的屋内却冷冷清清。

有人认为，用年轻时二十多年的快乐换老后几年的不幸是值得的，但现实并非如此。年轻时我们只有几年的自由生活，四十岁后，心态可能就会发生转变，之后的几十年可能都是孤独、寂寞的，甚至可能晚景凄凉。这其实是在用余生几十年的痛苦来交换现在短短几年的快乐。

在某部电视剧里，"丁克"一族的女主角一个人在家里练瑜伽时扭到了腰，她只能大声呼喊，让住在隔壁的邻居帮忙叫救护车。在等待救护车前来的过程中，她只能一直保持倒立的姿势。如果救护车再晚点到，她可能会因为坚持不住而摔倒，甚至有可能导致下半身瘫痪。

虽然这只是电视剧里的剧情，但在现实生活中，类似的案例也不在少数。紧要关头，如果有伴侣在身旁，肯定要比求邻居帮忙或没人帮忙强得多。

有一次,我的牙缝里不小心塞进了一根鱼刺,我完全无法从牙齿正面看到它,想把它抠出来却无从下手,只能求助我老公,他帮我拔出来之后,我"扑哧"笑了。

结婚可能没有多么重大的意义,但就是在这种时候,养兵千日,用兵拔刺。

我不是催促大家早点结婚生子,只是希望每个人都能理智地看待结婚生子这件事,正确地评估自己的能力和水平,不要盲目地另辟蹊径。

也有人说:"余生还有很多有趣的事可以做。"我觉得这样的人真的是太高估自己的行动力了。

不要小看人的惰性,如果没有外界的监督,绝大部分人很难把一件事坚持到底。即便能够坚持到底,但仅凭一项兴趣爱好也很难充实整个人生。但结婚生子不一样,它所带来的复杂的人际往来、孩子的养育、金钱的压力虽然有时候会让人喘不过气,但同样也可以让人生变得充实忙碌,甚至还可以获得成就感和满足感。

人类有时候很奇怪，忙起来想休息，闲下来无事可做的时候反而想得更多，心里更烦，老得更快。

有些精英人士不仅物质世界富足，精神世界也很丰盈，我们不能把他们当作参照对象，就像不能拿娱乐明星的婚姻作标杆一样，二者之间根本没有可比性。精英人群过得好，是因为他们本身就具备自我满足的能力，可大部分人终其一生都无法成为精英。

很多人正是因为无法认清这一事实，所以总在选择错误的参照对象并反复与之对比，等终于意识到自己只是个普通人的时候，却为时已晚。

大部分人的生活不外乎就是这四样东西——柴、米、油、盐，和这四件事——婚、丧、嫁、娶。

普通有钱人和社会精英之间还是存在一定差距的。精英人群具有的广阔眼界和人脉决定了他们每天都能接触新鲜事物，对生活能持续地产生兴趣。作为普通人的我们，就算有钱，最多也只能做到衣食无忧，能想到的放松方式除了购物就是旅游，连乐器也就知道钢琴和二胡，不懂红酒的名称和年份，也不懂古典乐和爵士乐。

所以，年纪越大越好热闹，谁家有孩子就去看看，凑凑热闹，沾沾人间烟火气。

我的一个姨奶奶经常问我："掌握了技能又怎样呢？"

她对我说，既然了无牵挂，就可以随时放弃可以放弃的一切，反正也没用，赚了钱不知道给谁，想花钱的时候也没人陪，掌握了新技能也无人分享、无人欣赏，画的画挂在墙上只有自己一个人看，弹奏的曲子只有自己一个人听，无人点评。

我们经常把人性设想得过于美好，要知道血脉关系是最重要的一种人际关系，仅靠"聊得来"并不能让一段关系变得长久又稳固。

所以，我们既需要婚姻也需要朋友，在种种关系中才能达到一种平衡。没有朋友，就像被困在婚姻的围城里没有倾诉的出口；只有朋友的人，则像是没有城堡收留的旅人，风雨兼程。

看看那些重组家庭，如果婚姻这座围城真的让人绝望，那为什么好不容易逃出牢笼，很多人还要回去呢？

婚姻是人类的一种底线保障制度，它从来就不是为了爱情而存在的。这道选择题怎么选都会有遗憾，希望大家能看得更全面。

容貌焦虑怎么办

不知从什么时候开始，网上开始流传一个词，叫"容貌焦虑"，意思是："个体因忧虑自己的外貌达不到外界对于美的标准，预期会受到他人的消极评价，从而处于担忧、烦恼、紧张和不安的情绪之中。在行为上，表现出经常检查和调整自己的外貌。"

这个定义令人感到困惑。为什么外貌达不到标准会紧张不安？为什么没有一个词叫"能力不足焦虑"呢？由此可见大家把外貌看得太重要了。那为什么大家如此看重相貌呢？个中原因，是在当今时代，变美真的太容易了，大到整容，小到医美，会化妆人的化妆，会用软件美颜人的美颜，变美既不需要寒窗苦读，也不需要台下十年功，它方便又快速，人人都能轻易办到。

所以在这个大家好像都很美的社会,一旦自己的容颜稍逊于他人,便很容易灰心丧气。很多人还有一个误区,觉得拥有了美貌就拥有了一切,长得美就可以"躺赢",就可以不付出太多辛苦,一劳永逸地享受美貌带来的诸多便利和优待。其实,外貌真的没有那么重要,就算是在格外看重"颜值"的演艺圈,空有美貌却没有演技的"流量明星"们也往往无法赢得观众的喜爱和认可,甚至有可能招致批评,以至于一些导演不愿请"流量明星"来演戏。"硬邦邦"的作品,永远比软乎乎的脸蛋更有说服力,也更靠得住。我不否认美貌也是实力的一种,但搞科研不靠"刷"脸,治病救人不靠"刷"脸,教书育人不靠"刷"脸,扎实的专业知识,可以让美貌锦上添花,徒有外表并不能成为一个人的立身之本。

任何事都是相对的,你因为美貌得到了多少喜爱,也可能会因为美貌承受多少非议,你的美丽有人喜爱就有人嫉妒。人们常说平淡是福,就是因为平凡可以让人波澜不惊、泰然自处。所以不必太在意自己的外貌,只适当地欣赏和追求美,或适当地赞美和艳羡他人之美,却不必因此焦虑,或仅凭外貌评判他人。

有些公众人物可能没有出众的外貌，却有其独特的魅力，或许是优秀的工作能力，或许是百折不挠、越挫越勇的韧性，又或者是强大的内心，这些特质都使其成为榜样，向大众无声地宣告："虽然我不漂亮，但我也能闪闪发亮。"

完全看脸与彻底忽视外貌都是不可取的。媒体有责任正确地引导大众，而不是借着热度肆意炒作，把年轻人的思想带偏。

如何与素颜和解

最近,"与素颜和解"这个话题在网上引起了很大的争议。话题建立的初衷是希望女人们不要对自己的容貌过度焦虑。然而,事与愿违,很多人反而变得更焦虑了,特别是看到了很多女孩在素颜状态下展现出的美貌后。

作为一位情感类题材博主,我常常被大众拿着放大镜评头论足,所以想当博主,内心强大可比容貌美丽重要得多。经常有网友因为不认同我的观点,转而开始攻击我的长相,还有人开着善意的玩笑说:"一般丑的人我不关注,但谁叫你说得对呢!"对此我想说:"谢谢您了!"

我是一个异性缘非常差的人。按理说,一个女人是否受欢迎，与她的容貌有一定的关系。我自认为虽不是风华绝代、艳冠群芳、倾城倾国，但确实也跟丑不沾边。

我见到的很多女人，她们其实并不丑。患有"容貌焦虑症"的女人们总是在给自己施加无形的压力——我好像总是不如某某好看，我什么时候才能变得和女明星一样瘦……

女性在爱美之路上过分精益求精，最终导致"内卷"，因此才出现了越来越多对自己容貌感到焦虑的人。请你始终相信，老天是公平的，没有偏爱某些人。人无完人，请放下那些无谓的焦虑吧！

这世界上没有完美的人，许多所谓的美不过是"流量"打造的，它反复出现在大众视野里，渐渐地在大众脑海里烙下深刻的印象，令人觉得那就是真正的美。当我们再也无法接受其他任何与之不符的美，这才是真正的可悲。

如果真的非常想被人称为"美女"，倒也无可厚非。

每个人都有自己的独特之处，尝试挖掘出属于你自己的亮点并将其展示出来，不断地加深人们对这些亮点的印象，当再有人提到某一点或者某一个风格的时候，你就成了它的代言人。

比如，素颜女神——长得好看，但不适合化妆；"高级脸"——骨骼轮廓分明，面部线条清晰耐看，初看不算美，但越看越"有味道"。一个"有味道"的女人难道不美吗？随着大众对审美变得包容，中性风也被越来越多的人认可和接受。在很多职场题材的电视剧里，当女主角一身西装、英姿飒爽地出现在办公室里或谈判桌上的时候，我们不禁感叹："太帅了！"

"熟女""御姐"，这些因为欣赏成熟女性魅力而产生的词汇，不正是打破了年龄对女性追求美的限制吗？谁说"女人四十豆腐渣"？多少四十岁的女性既有"颜值"又有事业，既有个性又有阅历，她们的美蕴含着岁月的积淀，蕴含着对自己正确的认知。

所以，不论你几岁，属于什么风格，喜欢裙子还是裤装，你都可以打造属于你的美。

再说回相貌和异性缘的关系这件事。

我可以负责任地告诉大家，长相和异性缘之间没有什么必然关系。

以我的人生经历来说，我没什么异性缘，主要是因为我的性格，而不是样貌。

我从小就非常要强，非常"刚"，说话大嗓门，甚至到了初中还在和男孩打架……试问哪个男孩喜欢这样的女孩？大多数男孩更喜欢温柔如水、小鸟依人的女孩，就像女孩更喜欢宽容大度、遇事沉着冷静、能带给自己安全感的男孩一样。

我不是大部分男孩会心仪的对象，因此，当异性嫌弃的声音增加了，我就被定义成了一个又丑又吵的女孩。

如果你也有这样的困扰，请千万不要因此模糊了美与丑的概念，一个人性格不讨喜，不能证明他不好看，不能证明他性格不好，更不代表他是一个坏人。

不要因为别人的定义而失去方向，变得手足无措，进而开始质疑自己，甚至变得唯唯诺诺。你没有错，只是不适合一些人而已。

当然，每种性格都存在一定的弊端，我们可以适当地改变我们的缺点，而不是为了他人委曲求全。

我上大学以后，我妈渐渐地失去了对我的"穿衣管控权"，在摸索了很多年之后，我终于找到了适合自己的穿衣风格。

我不相信穿衣自由那一套，我始终坚信的是"自由要在一定约束的条件下才能实现"，所以，只有适合自己风格，才能最大限度地展现出自己的美感，至于不适合自己的，不是不可以尝试，而是实在没有必要坚持。

风格选对了，人生经历的事情多了，慢慢地，我变成了一个衣着得体、遇事张弛有度的人，但我依然保留着自己最原始的性格底色——爱憎分明。我也渐渐地明白，很多事不能走极端，对朋友不能倾诉过多、索取过度，对伴侣要多些理解、少些要求。现在的我做事依然风风火火，但有幸遇到了一个需要我这股"风风火火"劲头的伴侣，我们一拍即合。

样貌是美是丑，性格是软是硬，其实没有一个绝对的尺度，每个人心里都有自己的一把尺，不要盲目地按照别人的尺度来衡量自己，更不要因为不符合别人的衡量标准就妄自菲薄。

如果说与素颜和解是坦然接受自己的容貌，那么与性格和解就是坦诚面对自己的内心。

我曾收到过很多女孩发来的咨询信息，她们中的多数人都是因为性格太过软绵绵、对另一半过于依赖而产生困扰。

很多女孩意识不到自己有这样的问题：一旦双方出现矛盾，自然而然地就把责任归咎于对方。

"他变了。"这是我经常从她们口中听到的一句话。

"他刚和我在一起的时候能跟我彻夜长谈。如果我不开心，他半夜也要来找我。可现在，他只顾着打游戏，两小时都不理我，他是不是变了？"

对于这些困惑，我常常劝这些姑娘，没有人能坚持日复一日和你长谈，就算真的有这么多要说的话，身体也吃不消。人与人之间的感情总是会从轰轰烈烈慢慢地归于平淡，一直轰轰烈烈的感情往往情深不寿，只有细水长流，才能和美地过完一生。

此外我还要再加一句："给自己找点事做吧。"

男孩喜欢小鸟依人的女孩，但一般不会喜欢时时刻刻如藤蔓一般缠着自己的女孩。我建议女孩们养成外柔内刚的性格，外表温文尔雅，内心一定要有主见。这不是为了取悦异性，而是为了强大自己。

如果你的性格过于娇纵、黏人，或是过于跋扈、泼辣，你可能很难和另一半和睦相处。

我在前文提到，改变性格中的不足不是为了取悦异性，但是谁都不愿意和娇纵、黏人或跋扈、泼辣的人相处，不论朋友还是爱人，皆是如此。你当然可以保留原本的性格底色，找到一个真正和你匹配的另一半，但对于那些性格中的小"缺陷"，就应该像对待小树的枝丫一样，时不时地修剪一番，让自己越来越好。

与其与素颜和解，不如直面内心，定期清理心中压抑的负面情绪，比如嫉妒、怨恨，正确地疏导彷徨和疑惑，正直、要强、热情这些优秀品质不该被生活压弯磨平。

当内心一片祥和，素颜也会很美。

"穷大手"的人怎么办

我家里人是祖传的"穷大手",不管有没有钱,反正就敢花。随着时代的发展,信用卡的出现简直就是我们这种人命中的劫难。

怀孕生子期间,我疯狂囤货,报复性消费,把能刷的钱都刷出来了,然后做了分期,按照分期金额开始找合适的工作。但是当时的我明显高估了未来的自己挣钱的能力,复工后,我的工资和预想得并不一样。

入不敷出的生活就这样开始了。为了填补窟窿,我要开始新一轮的借贷,拆东墙补西墙,欠款却越滚越多。

一切都是因为分期。价值一万元的商品，如果分为十二期，每期只需偿还一千元。看着自己每月五六千的工资，一千元似乎不是什么负担。

但人的欲望总是无穷无尽，一开始只买了个包，后来就想买手表、裙子、鞋子与之搭配，到最后，工资就全花光了。

千里之堤溃于蚁穴，负债累累不过始于几百元的利息，所以一定要警惕。

消费的感觉太好了，但这种快乐又太短暂了，只要开始就很难停下来，如此恶性循环，无休无止。

所以我强烈建议大家：花钱要做好规划，必须强制性储蓄，把每月的工资分成几份，日常开销囊括衣食住行，储蓄要覆盖住房、医疗，还得有点备用资金。

不要打肿脸充胖子、挣多少花多少，脚踏实地和漫步云端的区别就在于，前者虽然辛苦，但踩在平地上心里踏实，后者完全是在白日做梦，走错一步便万劫不复。

我的父辈中也有人因为做生意而背负了巨大的债务，他们就像是赌徒在赌桌上输光了钱,脑子里已经完全丧失了及时止损的想法,一心只想翻盘。

所以,我奉劝各位想要创业的年轻人,一定要慎之又慎,不要盲目地相信下一个一夜暴富的人一定是自己,而是要多问问自己,凭什么能在芸芸众生之中脱颖而出,成为那个赚得盆满钵满的幸运儿?

但是,谨慎行事并不意味着失败了就放弃再次尝试,而是一定要从失败中吸取教训,做自己力所能及的事,切莫好高骛远。

很多人会购买高风险的理财产品,其实就是想占便宜的心理在作祟,总觉得自己慧眼识珠,整天幻想着天上掉馅饼,殊不知所谓的"高收益"就像一张有组织、有预谋的网,等着把跳进去的人吃得骨头渣子都不剩。

除了创业失败和投资被骗,成年人损失钱财还有一种方式——迷失自我。

电视剧《理智派生活》里有一句话我非常认同:"一个名牌包,我努努力可以负担得起,但名牌包背后的生活,我假装不起。"

我们自以为名牌包开启的是梦幻仙境的大门,但其实,它打开的是潘多拉魔盒,里面全是你没见过的妖魔鬼怪。

不要迷信努力就能成功

承认自己平庸很难吗？

我承认，对于以前的我来说，确实挺难的。不过如今，我已然变得无坚不摧，只觉得"承认自己平庸"是一件无伤大雅的事。

考试成绩倒数没有让我觉得自己平庸，找工作、谈恋爱、结婚生子却不同，只要我对其中一件事期望过高，最后总会被命运"按在地上摩擦"，登高跌重之后心理上的落差感比坐过山车生理上的失重感更令我难受。

就是因为我经历了一次又一次的难受，才反复地告诉大家，尽早接受自己是个平庸之辈这一事实，避免因为期望过高而失望过大。

借助另一半平步青云、实现阶级跃升，这种妄想本身就很幼稚且令人鄙夷。但如果你想靠知识改变命运，其实也没有想象得那么容易。

有些人特别喜欢看成功励志类的书，他们只看到比尔·盖茨和沃伦·巴菲特从大学辍学也取得了成功，殊不知盖茨的妈妈是知名商界人士，巴菲特的爸爸是国会议员，出色的家庭条件给予了他们广阔的眼界与见识。有的家长坚信知识改变命运，觉得孩子只要好好读书，这辈子就能衣食无忧了。然而，读书、工作、收入三者之间没有必然联系，知识能改变的只有你的眼界和格局，开阔的眼界和心胸能让你有一个好性格，好性格则教会你在逆境之中不怨天尤人，在顺境之中不骄不躁。

"万般皆下品，唯有读书高"的原因也是如此，多读书可以让你多角度地看问题，活得更通透，形成自己的思想，不会人云亦云。但读书多未必能让你出人头地，更跟能不能挣钱没有太大关系。

很多平凡的家长坚决不能接受孩子像自己一样平凡。望子成龙、望女成凤的心情可以理解，但是不要对孩子抱有不切实际的期待，期望他们青出于蓝而胜于蓝。回想一下小时候的自己，是不是也很贪玩？是不是也会上课走神？是否也无法集中注意力学习那些枯燥无味的知识？

一些家长在听到这样的质问时会理直气壮地反驳，说自己就是因为吃了没文化的亏，所以不能让孩子重蹈覆辙。

你以为你在开车吗，说拐弯就能拐弯，说掉头就能掉头？

什么叫一脉相承？你和孩子的人生路的大致方向已经确定，与其左顾右盼地想着换一条路，不如安安心心地享受当下的风景。

那底层的人就全无出头之日了吗？有，但不是人人都有。人们说知足常乐，只要放下执念，就能与自己和解。不要觉得和别人比吃比穿是攀比，其实，拿孩子的成绩和其他孩子的成绩比也是一种攀比。人与人之间只要开始比较，那就好受不了，谈恋爱时比晒在朋友圈的礼物，结婚时比彩礼，结婚后比房子、轿车，比孩子的学习成绩和工作……这一切都是在给自己找不痛快。

做一个内心富足的人，不要在这物欲横流的世界里惊慌失措，还拉着孩子一起浮沉。

一些父母让孩子读书的终极目的只是赚钱，可是，"财"是命里有时终须有、命里无时强求不来的东西。

大部分人要么迷信努力就能成功，要么迷信不努力就能成功。

我奉劝大家早点看清自己，只有这样才能早日选择一条适合自己的道路，既能少走弯路，又能少花冤枉钱。

不过我不是鼓励大家不学无术、不思进取，而是不要过度焦虑、给自己和孩子"打鸡血"。对于孩子而言，道德素质、身心健康一定比学习成绩重要，帮助孩子选择一条他喜欢的路，绝对比逼迫他跟一大帮人竞争那少得可怜的名额更容易成功。

干一件喜欢、擅长的事情的效率，比干一件不喜欢、不擅长的事情的效率高多了。

有人或许会反驳我："孩子有画画的天赋，可是艺术这条路比普通的学习路更难走，难道也要鼓励孩子吗？"

孩子喜欢画画，未必要成为名家，而是可以从事绘画相关的工作。二十年前，你或许想不出几个跟绘画相关的职业，可时代在迅速发展，我们很难预知未来，现在已经涌现出了诸如设计师、插画师等诸多需要绘画技能的新职业。

做人也好，做家长也好，只需要坚定地站在适合自己的路上不断努力，不需要"鸡血"，更不需要迎合、攀比。成功了自然很好，没成功也不枉此生，至少做过自己喜欢的事，没有伤天害理，俯仰无愧于心。

人生要少年得志还是大器晚成

有句话说:"少年登科,大不幸也。"我有位至亲曾少年得志,在她人生最辉煌的时候,在市内有名的体育馆里举行了一场盛宴,邀请了很多明星前来参加。

那时还是个小学生的我坐在台下,看着她站在舞台中央,穿着一身白色西装,身姿颀长,意气风发,身上散发着比那些明星也不遑多让的光芒,那是属于她的"高光时刻"。

因为她,小小的我有幸给明星献花,有幸帮等在体育馆外的粉丝到休息室要签名……

年纪轻轻的时候,她就达到了常人一辈子也难以企及的高度，这既是她最大的幸运，也是她最大的不幸。

大起之后就是大落，后来她做生意失败，官司缠身。曾经家族的骄傲消失在亲人的视野中，渐渐地成了不可提及的敏感人物。

后来她好不容易还清了债务，日子重归正轨，可是从前那种众星捧月的日子太美好了，让人难以忘怀，她还想重新感受一次。

她决定征战商场，再创辉煌。

正所谓人生不如意事十之八九，人活一辈子，不如意是常态，一生能有一次得命运垂青已实属不易，又怎么可能一路花开不败呢？

何况初出茅庐的时候虽然没有经验，但尚且跟得上时代的浪潮，转眼十几年过去，无数产业已发生了翻天覆地的改变，再按照以前的思路做生意，不血亏才怪。

越亏越不甘心，她抵押了房子又去借钱，从银行贷款到高利贷，从稳妥的到高风险的，从自己的资产到别人的资产，亲戚们的钱能借的几乎都借了。

最后，却落得个分文不剩、血本无归。

不甘心是会毁掉一个人的。

做生意赔本不甘心，找的对象条件不好不甘心，结婚吵架先低头不甘心……

不要有这么多的不甘心，当你和命运开始较劲的时候，你就已经落入它的圈套了。

从春风得意马蹄疾，到人到中年的无尽孤独，只是因为甜头尝得太早，总认为自己的成功是因为天赋异禀、与众不同，却从来不肯承认，命运只是一时垂怜了你。

后记

一路走来，始终感恩

生活对谁都没有高抬贵手过，每个人都有各自的烦恼，虽然总觉得自己正义凛然，但好像全天下只有自己过得不好，从未被上天眷顾过，于是凭着这份委屈自恃有理，当成利器，最终结果只能是伤人伤己。

万幸，还有许许多多的人活在阳光之下。每天看着大家对我的评价，夸奖我"三观"极正，简直是"人间清醒"，我真是受宠若惊又愧不敢当。

所以我特别希望大家能有自己的想法，我只是被抛砖引玉的那一块小砖头，承蒙厚爱，不胜感激。

但真正的浑金璞玉，一定是懂得思考的你。

当然了，如果犯错了也不能求人多多包涵，毕竟已经享受过鲜花和掌声，就不能在犯错的时候又祈求宽容。

其实就是一句话——感恩、感恩再感恩。我也在时刻提醒自己，无论何时，不要放出"笼子里的怪兽"，更不要沦为那样的怪兽，成为自己最讨厌的那种人。

我的梦想一直是写小说、当网络写手，所以我从来没想过自己会成为一个博主，更没想过有一天会因为做视频得到出书的机会。

其实，我在所有视频里说的话，也都是说给我自己听的，吐槽的时候是为了发泄情绪，讲道理的时候是为了捋清自己的思路。

我一直坚信，人需要发泄情绪的出口，也许有人沉默寡言但内心强大，可以自己排解各种各样的情绪，或者有很好的排遣方式，比如运动、购物或者大吃一顿、大哭一场。

除了买包之外，对于我来说最能解压的方法就是跟人倾诉。

可是我前面也说了,随着年龄的增长,朋友是不可能时刻陪伴的,好在网络给了我这样的人一条康庄大道。

大家觉得听我吐槽很搞笑,你在抒发了情绪的同时,还给予了我一份不小的成就感,觉得神奇的同时,我也很高兴自己有价值。

而我也常常陷入对婚姻、对生活、对人生的迷茫之中,我的观点都曾经是引领我走出困境的一线光明,如果能帮到你,就说明那些黑暗的日子也有价值。